高校思想政治教育
与传统文化融合研究

邓思思 ◎ 著

中国书籍出版社
China Book Press

图书在版编目（CIP）数据

高校思想政治教育与传统文化融合研究 / 邓思思著. -- 北京：中国书籍出版社, 2024.5
ISBN 978-7-5068-9846-1

Ⅰ.①高… Ⅱ.①邓… Ⅲ.①高等学校—思想政治教育—关系—中华文化—研究 Ⅳ.① G641 ② K203

中国国家版本馆 CIP 数据核字 (2024) 第 080445 号

高校思想政治教育与传统文化融合研究
邓思思　著

图书策划	成晓春
责任编辑	毕　磊
封面设计	博健文化
责任印制	孙马飞　马　芝
出版发行	中国书籍出版社
地　　址	北京市丰台区三路居路 97 号（邮编：100073）
电　　话	(010) 52257143（总编室）(010) 52257140（发行部）
电子邮箱	eo@chinabp.com.cn
经　　销	全国新华书店
印　　刷	天津和萱印刷有限公司
开　　本	710 毫米 ×1000 毫米　1/16
字　　数	210 千字
印　　张	11.75
版　　次	2024 年 8 月第 1 版
印　　次	2024 年 8 月第 1 次印刷
书　　号	ISBN 978-7-5068-9846-1
定　　价	76.00 元

版权所有　翻印必究

前　言

文化是民族的血脉，是人类的精神家园。中华优秀传统文化是中华民族历经数千年积攒下来的宝贵精神财富，蕴含丰厚的文化遗产、充沛的民族精神和强大的育人功能。因此，习近平总书记指出："把中华优秀传统文化全方位融入思想政治教育、文化知识教育、艺术体育教育、社会实践教育各环节。"中华优秀传统文化蕴藏着高校思想政治教育的思想资源和精神要素，能够为高校思想政治教育的高质量发展提供力量支撑，增加高校思想政治教育的历史厚度、实践温度和育人力度。

党的二十大报告指出："我们要坚持马克思主义在意识形态领域指导地位的根本制度，坚持为人民服务、为社会主义服务，坚持百花齐放、百家争鸣，坚持创造性转化、创新性发展，以社会主义核心价值观为引领，发展社会主义先进文化，弘扬革命文化，传承中华优秀传统文化，满足人民日益增长的精神文化需求，巩固全党全国各族人民团结奋斗的共同思想基础，不断提升国家文化软实力和中华文化影响力。"青年学生是中华优秀传统文化传承的一股重要力量，也是高校思想政治教育的主要面向群体，因而实现中华优秀传统文化传承与高校思想政治教育的深度融合，可以在青年学生培养问题上找到契合点，这也能成为发扬中华优秀传统文化、增强高校思想政治教育成效、提升高校人才培养质量的一个工作抓手。

本书共分为六个章节，第一章为绪论，包括高校思想政治教育概述、文化与传统文化两部分内容。第二章探究高校思想政治教育与传统文化融合的理论依据，主要围绕文化传承理论、文化育人理论、全面发展理论展开论述。第三章为高校思想政治教育与传统文化融合的现状分析，依次介绍了当前融合的现状和主要问题、问题产生的原因分析、对现有研究的反思与批判共三个方面的内容。第四章为高校思想政治教育与传统文化融合的目标范式探究，依次介绍了理念融合：传统文化的价值渗透与思想政治教育目标的统一，内容融合：传统文化丰富思想政治教育的内涵与外延，方法融合：传统文化的教育方法与现代思想政治教育手段的结合这三个方面的内容。第五章为高校思想政治教育与传统文化融合的实践路径探究，分为五部分内容，依次是营造良好的校园文化氛围，促进融合的深度与广度；加强教师队伍的培训，提高融合的质量与效果；引导学生自主学习，培养学生文化自觉与自信；结合各类社会实践，拓展融合的空间与时间；丰富国际交流合作，促进文化融合与发展。第六章主要论述高校思想政治教育与传统文化融合的当代价值，依次介绍了促进传统文化"两创"发展，增强国人文化自信、促进人的自由全面发展，培养新时代的人文精神共两方面的内容；最后，本书就研究结论概述、对高校思想政治教育的意义和价值、对未来研究的展望与建议进行进一步梳理。

  在撰写本书的过程中，作者参考了大量的学术文献，得到了许多专家学者的帮助，在此表示真诚感谢。本书写作力争内容系统全面，论述条理清晰、深入浅出，但由于作者水平有限，书中难免有疏漏之处，希望广大同行及时指正。

作者

2023 年 10 月

目 录

第一章 绪 论 ·· 1
  第一节 高校思想政治教育概述 ·· 1
  第二节 文化与传统文化 ··· 11

第二章 高校思想政治教育与传统文化融合的理论依据 ················· 18
  第一节 文化传承理论 ··· 18
  第二节 文化育人理论 ··· 25
  第三节 全面发展理论 ··· 33

第三章 高校思想政治教育与传统文化融合的现状分析 ················· 47
  第一节 当前融合的现状和主要问题 ·· 47
  第二节 问题产生的原因分析 ·· 52
  第三节 对现有研究的反思与批判 ·· 57

第四章 高校思想政治教育与传统文化融合的目标范式 ················· 63
  第一节 理念融合：传统文化的价值渗透与思想政治教育目标的统一 ····· 64
  第二节 内容融合：传统文化丰富思想政治教育的内涵与外延 ············ 73
  第三节 方法融合：传统文化的教育方法与现代思想政治教育手段
     的结合 ··· 84

第五章 高校思想政治教育与传统文化融合的实践路径 ··············· 105
  第一节 营造良好的校园文化氛围，促进融合的深度与广度 ········· 105

第二节　加强教师队伍的培训，提高融合的质量与效果 …………… 110
　　第三节　引导学生自主学习，培养学生文化自觉与自信 …………… 124
　　第四节　结合各类社会实践，拓展融合的空间与时间 ………………… 139
　　第五节　丰富国际交流合作，促进文化融合与发展 …………………… 148

第六章　高校思想政治教育与传统文化融合的当代价值 ……………………… 154
　　第一节　促进传统文化"两创"发展，增强国人文化自信 ……………… 154
　　第二节　促进人的自由全面发展，培养新时代的人文精神 ……………… 160

结　　论 ………………………………………………………………………………… 167
　　第一节　研究结论概述 …………………………………………………… 167
　　第二节　强化高校思想政治教育的意义和价值 ………………………… 169
　　第三节　对未来研究的展望与建议 ……………………………………… 173

参考文献 ………………………………………………………………………………… 179

第一章 绪 论

文化是一个国家的灵魂,中华优秀传统文化是中华民族绵延数千年形成的民族血脉。在高等院校的思想政治教育工作当中,将中华优秀传统文化融入其中,是传承中华优秀传统文化的重要路径,同时,也是提升高校思想政治教育质量,实现立德树人教育目标的重要方法。本章主要就高校思想政治教育进行概述,并对文化与传统文化展开论述。

第一节 高校思想政治教育概述

思想政治教育是中国精神文明建设的首要内容,也是解决社会矛盾和问题的主要途径之一。在高等教育领域,思想政治教育是指社会或社会群体有目的、有计划、有组织地运用特定思想观念、政治观点和道德规范影响大学生,使他们具备符合社会要求的思想道德品质的教育活动。高校育人工作的核心环节就是强化对学生的思想政治教育。

一、思想政治教育概念的提出

1949年中华人民共和国成立后,随着我国政治建设和文化建设的要求越来越迫切,也为了鼓励学生能够积极地参与到国家建设中去,中国共产党充分发挥思想政治工作的优势,通过对学生的思想进行改造,积极地对其进行思想政治教育工作。为了更好地培养社会主义建设所需的合格人才,确保青年一代在思想觉悟上的提高,我国于1950年在北京召开了一场具有重要历史意义的会议——中华全国学生联合会第十四届第二次执行委员会扩大会议。会议上,通过了一个名为《中国学生当前任务的决议》的重要文件。这个决议对于当时我国学生的思想政治教育发展具有里程碑式的意义。它不仅明确了思想政治教育的核心内涵，还对学生们的任务、教育要求等方面作出了具体规定，并且第一次提出了"思想政治教育"的概念。1978年，中共十一届三中全会召开，确立了改革开放的伟大决策。从这一时期开始，我国有关思想政治教育概念的使用走向科学化。在中共十一届三中全会之前，有关思想政治教育的概念没有严格的界定，多是来自实际工作的需要和现实政策的变化。中共十一届三中全会之后，紧跟改革开放的步伐，也随着学校各项政策的进一步发展而完善，加之学科化建设意识的形成，思想政治教育的概念才真正得以进一步明确和规范。

改革开放以来，我国社会经济体制发生了深刻变革，人们的思想观念也发生了极大的变化。在这个大背景下，1980年第一机械工业部和全国机械工会在北京召开了思想政治工作座谈会，这次会议不仅深入探讨了思想政治工作的实际问题，而且第一次明确提出"思想政治工作应成为一门科学"的重要论断。这一论断无疑为我国思想政治教育的发展指明了新的方向。

继1980年的座谈会之后，1983年教育部专门召开了政工专业论证会。在论证会上，专家们经过充分讨论，最后确定这一学科名称为"思想政治教育学"，专业名称为"思想政治教育专业"。从1984年开始，我国思想政治教育专业开始招生，这意味着我国思想政治教育学科从此拥有了专门的培养渠道。从1980年第一次提出"思想政治工作应成为一门科学"的重要论断，到1983年确定学科名称和专业名称，再到1984年开始招生，我国思想政治教育学科经历了从无到有的过程。这一过程充分体现了我国对思想政治教育的重视，以及在社会发展过程中不断探索和创新的精神。我国思想政治教育开启了一个新的篇章，并为以后的发展奠定了理论基础。

随着思想政治教育学科的设立，思想政治教育真正地实现了从"无名有实"到"有名有实"的转变。"思想政治教育"这一概念也成为规范的术语，思想政治教育逐步走上科学化、规范化、系统化的发展轨道。

自中华人民共和国成立至今，思想政治教育在说法上经历了"宣传工作""政治工作""思想工作""政治思想工作""思想政治工作"等的发展和转变，虽然这些说法在概念、内容、作用方式和功能导向上有所区别，但是其政治属性是一样的。"思想政治教育"这一概念，日渐成为规范、统一的术语，这样使得思想政治教育研究者开始从不同方面对思想政治教育概念作出定义和分析，思想政治教育的概念也日益明晰起来。①

二、高校思想政治教育的理论基础

（一）中国特色社会主义

中国特色社会主义，是一个充满生机和活力的概念，它融合了中国特色社会主义经济发展道路和中国特色社会主义经济建设理论体系两大核心要素。中国特色社会主义经济发展道路，是中国共产党领导下的中国人民在长期实践中探索出来的一条具有中国特色的现代化发展道路。中国特色社会主义经济发展道路既体现了科学社会主义的基本原则，又充分体现了中国特有的国情和时代特征。中国特色社会主义经济建设理论体系，是中国共产党将马克思主义基本原理与中国具体实践相结合的产物，是马克思主义中国化的最新理论成果。中国特色社会主义经济建设理论体系为我国经济发展提供了有力的理论支撑，为世界社会主义发展提供了有益借鉴。

中国特色社会主义具有鲜明的时代特征和中国特色。它不是僵化的教条，也不是封闭的理论体系，而是一个不断发展的、开放的理论体系，是科学社会主义的基本原则与中国实际相结合的产物。

（1）核心价值观

不同时代都有其独特的精神理念和价值观念。这些精神理念和价值观念是时代实践的积淀，反映了人类社会在思想、文化、道德等方面的进步与发展。习近平总书记指出："实现中华民族伟大复兴，需要物质文明极大发展，也需要精神文明极大发展。"② 社会的发展离不开社会生产力和思想上层建筑的共同推动。只有二者相互促进、共同进步，社会才能实现健康稳定的发展。在新时代背景下，党在十八大报告中首次明确提出社会主义核心价值观的具体内容，为我国建设社会主义现代化国家、推动社会全面进步提供了重要的价值引领。社会主义核心价值

---

① 曾齐放. 互联网思维下高校学生思想政治教育工作创新研究 [J]. 老字号品牌营销, 2020(6): 107-108.

② 习近平在中国文联十大、中国作协九大开幕式上的讲话 [EB/OL]. 新华网, (2016-11-30) [2023-10-30]. http://www.xinhuanet.com/.

观包括"富强、民主、文明、和谐,自由、平等、公正、法治,爱国、敬业、诚信、友善",涵盖了国家、社会、公民三个层面的价值追求。

(2)理论特点

①时代性

中国特色社会主义文化,作为一个历史范畴,具有其独特的内涵和外延。它既有超越时代的共同性,又具有一定的时代特性。作为一种文化,总体而言,它无疑是特定社会思想的产物。在不同社会思想的熏陶下,形成了性质各异的文化,解放思想正是中国特色社会主义发展的必经之路。在我国社会主义经济转型的背景下,中国特色社会主义的思想文化必然带有一系列的时代特征,它必须与社会主义基本经济制度和政治制度紧密结合,形成相互促进、相互依赖的良性循环,为构建社会主义和谐社会服务。

②民族性

传统文化底蕴深厚,这种文化在我国历史长河中逐渐积累,包含了丰富的哲学思想、价值观、道德观、审美观等。这些内涵深入人心,影响着人们的认知、情感和行为。无论时代如何变迁,这些传统文化元素都始终贯穿在人们的生活中,成为一种稳定的精神支柱。建设中国特色社会主义的文化,深深植根于人民群众的历史创造活动中,形成了社会主义内容和中华民族形式相结合的全新文化。这种文化既保留了传统文化的精髓,又与时俱进,为我国文化事业的发展注入了新的活力。

③科学性

中国特色社会主义文化作为上层建筑的重要组成部分,它以马克思主义为指导,全面贯彻落实新时代中国特色社会主义思想,正确地反映了自然和社会的本质及其发展规律。这使得中国特色社会主义文化在同自然观、社会观中一切非科学的文化思想进行坚决斗争的立场上,拥有了坚实的理论基础。

④民主性

发展社会主义民主政治,是中国共产党始终不渝的奋斗目标。继承优良的民主传统和作风,增强民主意识,同封建主义、文化专制主义残余进行不妥协的斗争,使民主精神在广大群众中生根开花,是中国特色社会主义文化的题中应有之义。这要求我们在文化领域坚持民主原则,贯彻"三不主义"(不打棍子、不扣帽子、不揪辫子),为广大人民群众提供一个开放、包容、自由的文化环境。弘扬主旋律，提倡多样化，鼓励自由讨论、自由创作和不同学派、不同风格的自由发展。这样的文化氛围有利于激发人们的创造力和想象力，使得文化园地百花齐放、百家争鸣。同时，海纳百川、兼容并包是中国特色社会主义文化民主性的重要表现。我们要在坚持本土文化特色的基础上，充分借鉴世界各国的优秀文化成果。这也是文化民主性的重要体现。

⑤群众性

中国特色社会主义文化是从群众中来、到群众中去的文化，社会主义文化事业是人民群众创造的事业。在建设中国特色社会主义的伟大实践中，中国特色社会主义文化发挥着不可替代的作用，它以人民群众为中心，以服务人民群众为宗旨，通过传播健康、积极的文化成果，不断提升人民群众的精神风貌和道德素养。在这个过程中，人民群众不仅成为文化建设的参与者，更成为文化成果的享有者，从而实现了文化发展与人民幸福的有机结合，使之成为社会主义"四有"（有理想、有道德、有文化、有纪律）公民。

（二）新时代中国特色社会主义思想

2017年10月18日，在中国共产党第十九次全国代表大会上，习近平总书记首次提出"新时代中国特色社会主义思想"这一概念。习近平新时代中国特色社会主义思想是全党全国人民为实现中华民族伟大复兴而奋斗的行动指南。2017年10月24日，中国共产党第十九次全国代表大会通过了关于《中国共产党章程（修正案）》的决议，习近平新时代中国特色社会主义思想被写入党章。2018年3月11日，第十三届全国人民代表大会第一次会议通过《中华人民共和国宪法修正案》，习近平新时代中国特色社会主义思想被写入《中华人民共和国宪法》。

在当今世界面临重大变革的时代背景下，中国共产党肩负着引领中华民族走向繁荣富强、实现民族复兴的历史使命。为了更好地应对新时代的挑战，党高度重视对一系列重大时代课题的研究，以期为我国的改革发展提供有力的理论支撑。在这个国际局势风云变幻的时代，中国共产党紧密围绕全面建设社会主义现代化国家、全面深化改革、全面依法治国、全面从严治党等重大时代课题，坚定以马克思列宁主义、毛泽东思想、邓小平理论、"三个代表"重要思想、科学发展观为指导，深入挖掘这些理论成果的时代价值，在探索过程中，坚持解放思想、实事求是、与时俱进、求真务实的基本原则，不断深化对中国共产党执政规律、社会主义建设规律、人类社会发展规律的认识。在艰辛的理论探索中，中国共产党取得了重大理论创新成果，形成了习近平新时代中国特色社会主义思想。这一思想体系深刻回答了新时代坚持和发展什么样的中国特色社会主义、怎样坚持和发展中国特色社会主义这个重大时代课题，为全党全国各族人民提供了行动指南。

习近平新时代中国特色社会主义思想作为当代中国马克思主义的最新成果，是在全面梳理我国社会主义建设历程的基础上，对马克思列宁主义、毛泽东思想、邓小平理论、"三个代表"重要思想、科学发展观的继承和发展。这一思想体系不仅体现了党的理论创新成果，更是中国共产党和人民实践经验与集体智慧的结晶。

三、高校思想政治教育的核心及目标

（一）高校思想政治教育的核心

在人类的精神世界里，理想信念占据着核心位置，它是由理想和信念两个重要概念综合而成的复合性概念。理想信念是自身发展的内生动力。在人生的道路上，个体需要不断地学习、成长和进步。而理想信念正是推动人们不断向前、勇攀高峰的动力源泉。有了理想信念，人们会更加勇敢地面对挑战，不怕失败，敢于创新。理想信念在思想政治教育过程中发挥着重要作用，它为个体提供了追求目标的精神支柱。正如人体需要营养物质来保持身体健康一般，精神世界也需要理想信念这种"营养物质"来滋养。

在高校大学生这一群体中，深化其对社会主义核心价值观的认同感，是培养担当民族复兴大任的时代新人的关键任务。"中国梦"是实现中华民族伟大复兴的具体表现，它内涵丰富，既包括实现国家富强、民族振兴，也包括人民幸福、民族尊严。引导高校大学生加强对"中国梦"和社会主义核心价值观的认同，有助于他们明确个人理想与国家战略的关系，将个人发展融入国家发展大局，为实现中华民族伟大复兴贡献自己的力量。

（二）高校思想政治教育的目标

1. 思想素质目标

要坚定贯彻马列主义、毛泽东思想、邓小平理论、"三个代表"重要思想、科学发展观及习近平新时代中国特色社会主义思想，明确辩证唯物主义的思想，树立

正确的三观，在生活中不断锻炼自己尝试运用马克思主义方式进行思考和判断；培养集体至上的三观，批判享乐主义和拜金主义，明确个人利益要奉献于国家利益的思想，对建设富强祖国充满信心和力量，为祖国燃烧才是青春最好的正途。

2. 道德素质目标

以集体利益为最高荣誉，个人利益要服从于集体利益，坚信团队合作的重要性和必要性；吃苦耐劳、勤俭节约，在生活学习工作中做到艰苦朴素，享乐在后；遵守法律，热爱国家，懂礼貌，讲诚信，为人团结和睦；积极进取，思想要具有正能量，用乐观豁达的心态面对生活，对于事业和学习要充满干劲，秉持着严肃认真的态度，能听进各方的意见和建议，听取批评，努力完善自己的道德修养。

3. 政治素质目标

对于我国的国史和国情要了然于胸，对于我国传统文化的优秀之处要加以发扬和继承，不忘初心，坚持中国共产党的领导，继承先辈的革命斗争精神和传统，坚决维护祖国统一和团结，将祖国的利益和荣誉放在心中首位。具有献身祖国、报效人民的思想觉悟，坚定拥护党的领导和国家的政策方针，做忠诚的爱国主义者。

4. 法纪素质目标

要致力于弘扬全民民主法治的风气，自发学习我国宪法，能够做到正确行使公民权利，维护公民利益，履行公民义务。要从根本上培养大学生的法律意识，教导学生做到自我约束、自我管理，能够运用法律武器作出正确的判断和决策。培养学生的勇气和承担挫折的能力，在校内遵守校规校纪，在校外遵守社会公德和法律法规，自觉主动维护学校和社会的正常公共秩序，深刻领悟法治社会的建成需要每个人来努力，要让法治变为信仰融入大学生的思想道德教育中去，才能让思想转化为实际行动，让法纪素质教育贯穿始终。

5. 心理素质目标

心理素质是一个人心理过程和心理特征的体现，是衡量每个人的情感、意志、性格、行为等方面的综合标准体系。要培养大学生形成坚强、自爱的性格，增强他们的抗打击和受压能力，使其具有比较好的自我调节能力，这将对大学生未来的工作、事业、婚姻、家庭等产生积极影响，保证他们在遇到挫折时可以不丧失勇气和信心，不断努力去改善困境，拥有良好的心态，从而拥有璀璨的人生。

四、新形势下高校思想政治教育环境的新变化

（一）国际形势的新变化给高校思想政治教育带来了新契机

和平与发展已经成为当今时代的主题，这个主题为我国集中精力强化综合国力，实现经济、文化和社会建设的全面发展提供了契机与外部环境。但我国的发展并不是一帆风顺的。在国际政治、经济和文化多极化发展的背景下，信息技术的高速发展极大地影响了国际政治、经济关系。与传统国际关系相比，世界各国和各个经济主体之间的竞争日趋白热化，表面上看是科技的竞争，实质上是以经济实力为基础的综合国力及国家文化的竞争。民族的就是世界的，我国要在和平与发展的主题下，积极参与到世界竞争中，在与世界各国进行经济、文化交流的同时，采取有效措施，保护、传承我国优秀传统文化。

历史经验告诉我们，我国要发展，改革开放的基本国策不能动摇，改革开放是中华崛起的必经之路。在对外开放的过程中，与世界各国的文化交流也是必要的内容。正常的文化交流活动有利于我国文化事业的繁荣，也有利于文化强国的建设。高校是文化思想的聚集地，大学生在文化传播中扮演着重要角色。作为我国发展的后备力量，大学生对我国未来的发展有着至关重要的作用。

（二）国内形势的巨大变化给高校思想政治教育布置了新任务

改革开放四十多年以来，我国经济、文化和社会各领域发生了翻天覆地的变化，综合国力有了质的提升，经济持续增长，社会不断进步，人民群众生活总体上达到了小康水平。人们对什么是社会主义、怎样建设社会主义，有了更加深刻而科学的认识。在我国物质生活水平不断提高的情况下，人民群众的精神文化需求日益增强，而对于具有活跃思想的大学生来说更是如此。基于此，怎样根据大学生的个性特点和实际需求，进行思想政治教育改革，在切实满足大学生精神文化需求的同时，提升高校思想政治教育质量，是现阶段高校思想政治工作亟待解决的问题。有效引导高校师生树立正确的思想观念和价值体系，科学看待我国的实际国情和发展中遇到的问题，理解我国社会主义建设的长期性和复杂性，用宏观的思维去看待我国在发展中所付出的努力和采取的措施，主动投入社会主义建设中，是现阶段高校思想政治教育的核心任务。

在市场机制逐渐深入人心的背景下，我国人民群众的竞争意识逐渐增强。对高校大学生而言，市场经济亦对他们的思想产生了深远影响。

第一，在市场经济竞争环境的影响下，高校大学生的创新精神和进取意识得以加强。为适应社会的发展，高校大学生不仅强调社会和集体的利益，也更加注重自我发展，具有较强的主体意识和竞争意识。但与此同时，也有一些学生存在自律性较差、诚实守信等道德观念缺乏、责任感缺失等问题。

第二，在市场经济背景下，高校大学生逐渐形成求真务实的价值理念，积极投身学习实践和社会实践中，处事以事实为依据。但也有部分学生在学习、生活中爱走捷径，注重个人利益，忽视社会利益，缺乏社会责任感，重短期利益，只想着个人取得成功。

第三，在市场经济背景下，高校大学生乐于接受新思想、新事物，善于接受新的科技成果和文化成果，这对于我国经济、文化和社会各领域的发展具有很大的推动作用。然而，也有部分学生盲目追求物质利益，忽视精神、文化的培育，在消费理念上崇尚超前消费，价值观错位，给自身甚至是家庭带来伤害。

综上所述，在市场机制日趋成熟的今天，社会经济成分、组织形式、就业方式、利益关系和分配方式日益多样化，人们思想活动的独立性、选择性、多变性和差异性日益增强。这有利于高校大学生树立自强意识、创新意识、成才意识、创业意识。但是在这个过程中高校大学生的思想理念也深受影响，特别是其价值观念具有多样性，因此有必要对高校思想政治教育提质增效，对高校大学生的思想观念进行正确的引导。

来自教育部开展的高校大学生思想政治素质调研发现，现阶段大学生思想政治观念出现了很多新的变化：高校大学生学政治、关心政治和懂政治的比例不断上升，很多大学生在政治上表现趋于成熟，但在纵深政治理念方面的认识还较为局限和模糊；高校大学生追求思想独立，善于思考，创新精神较强，对于互联网的使用频率较高，信息获取能力强，但是面对数量庞杂、真假难辨的网络信息，其表现出辨别能力不足和自控力较差的问题；大学生对自我价值实现的需求特别高，注重自主发展，有意愿和能力进行自我提升，但是在竞争激烈的外部环境影响下，部分大学生容易产生浮躁、急躁的心态。因此，充分了解大学生的新特点和新需求，及时把握由于改革开放带来的利益调整对大学生思想观念产生的影响，通过思想政治教育来对大学生进行潜移默化的引导,是现阶段高校思想政治教育研究的重大课题。

(三)信息技术特别是网络技术的发展给高校思想政治教育带来新挑战

信息技术的高速发展,特别是互联网和移动终端的普及,给高校思想政治教育带来了新的挑战。在移动互联网时代,每个人都成了媒介中心,仅需要一部手机就可以随时随地进行信息接收、传播,这极大地改变了高校大学生的生活和学习方式,同时对高校大学生的思想理念也产生了巨大而深远的影响。

现阶段,高校大学生已经成为网络的主要用户群体,他们通过网络来获取信息,获取教学资源,进行自主学习,表达自己的思想和情感,进行社交活动等。这拓宽了大学生学习的渠道,给大学生提供了丰富的学习资源,也有利于及时解决大学生在学习中遇到的问题,打破了传统教学的时空限制,促进了高校教育的发展,同时,也给高校思想政治教育的发展带来了契机。利用互联网的交互性、共享性等特点,能为高校思想政治教育提供丰富的教育资源,有助于大学生实时了解社会热点;利用大数据、人工智能等方式,教师可以准确把握大学生心理,有针对性地开展个性化的思想政治教育;还可以进行思想政治教育教学方法创新,提升大学生的学习积极性,将理论与实践结合,提高思想政治教育的实践性。但需要指出的是,信息技术的发展也给高校思想政治教育带来了巨大挑战。

1. 互联网上的不良信息对大学生身心健康的伤害问题

自媒体时代的到来使得网络信息呈爆炸式增长,各类信息层出不穷,其中包含了大量的负面言论、色情、暴力等不良信息。而大学时期是大学生价值观的成熟时期,不良信息必然会对大学生的心理造成不良影响,并且大学生沉迷于网络也会损害其身心健康。调查显示,当今互联网上不良网站数量众多,并且其链接广泛分布在其他信息中,当大学生在阅览信息时,很容易误点不良信息,甚至是不良信息主动弹出。大学生如果自律性不强,很容易受到网络不良信息的侵害。实际上,很多大学生都是网络不良信息的受害者,部分大学生沉迷于网络而耽误学业,甚至有部分学生受不良网络信息侵害导致价值观扭曲,走上犯罪的道路。

2. 各类新媒体平台层出不穷给舆情引导带来了很大的挑战

传统媒体时期,党和国家通过电视、报纸等进行舆情引导,取得了较好的效果。然而在移动互联网时代，各类新媒体平台层出不穷，同时每个人也成为媒介中心，个人信息很容易转化为社会信息；而且网络具有匿名性的特点，个人在现实社会中的不良情绪往往在互联网中爆发，形成负面的和不实的信息传播，这都给舆情引导带来了很大的挑战。如果依靠传统舆情引导机制，必然无法满足新媒体背景下的舆情导向需求。

3. 网络道德行为失范问题

当今在现实社会中已经形成了一套行之有效的道德运行机制，通过社会舆情来引导大学生的行为，效果较好，大学生也普遍遵守社会道德。但在网络世界中，由于网络虚拟性和匿名性的特点，部分自控力较差的大学生在有负面情绪时，会发布不良言论、虚假信息等进行宣泄，甚至为了蝇头小利而触犯法律。因此，根据自媒体时代网络发展特点和大学生心理特征，积极地研究网络舆情引导方法和网络道德规范方法，是国家需要解决的事情。

现阶段的高校大学生重视传统文化和传统道德，并且传统道德处于大学生思想信念的基础位置，是形成当代大学生思想体系的根基。然而，传统道德体系在与市场经济进行四十多年的碰撞和融合发展后，已经不具有完整的规范体系，无法对大学生各方面进行指导。因此，在面临道德困境和道德选择时，高校大学生一方面倾向于从传统道德中寻找道德依据，另一方面从与市场经济融合的道德规范中寻找问题解决之道。基于此，现阶段大文化视野下高校思想政治教育实践研究学生的思想道德体系，既具有传统道德的核心内容，也具有新的时代特征。

第二节　文化与传统文化

习近平总书记在 2019 年 3 月 18 日召开的学校思想政治理论课教师座谈会上强调："中华民族几千年来形成了博大精深的优秀传统文化，我们党带领人民在革命、建设、改革过程中锻造的革命文化和社会主义先进文化，为思政课建设提供了深厚力量。"[1] 为了更好地借鉴传统文化中蕴含的丰厚教育资源，进一步加强和改进大学生思想政治教育，我们需要重新发现、重新认识中华传统文化。

---

[1] 习近平在学校思想政治理论课教师座谈会上的讲话 [EB/OL]. 人民网，（2019-3-18）[2023-10-30]. http://www.people.com.cn.

一、文化的内涵

"文化"是中国语言系统中存在已久的词汇。在汉语语境中,"文化"的本意在于"以文教化",着重于对人的性情的陶冶和品德的教养,这无疑是精神领域的范畴。然而,随着时光的流转和地域差异的影响,"文化"的内涵逐渐丰富,外延不断扩大,成为一个富有多层次、多维度内涵的概念。如今,它已成为众多学科研究、探讨、争论的焦点。文化的内涵丰富多样,具体表现为精神、信仰、思想、价值观和知识等方面。

(一)文化的核心和主体是精神

文化,自人类社会诞生之日就与之息息相关,文化是人类精神世界的体现,它与人类社会的发展历程水乳交融,相互影响。在文化发展和探索的过程中,人类孕育出了物质与精神文化。精神作为文化的主体,它在文化的发展和演进过程中起着至关重要的作用。对于人类而言,这种精神追求体现在对自我生命和生存价值的追求上,它是对人的价值肯定,是对美好生活的向往。

(二)文化表现为对信仰的追求

信仰是一种精神力量,贯穿于人类社会发展的历程,激发着人们对美好生活的向往与追求。在人类社会实践的过程中,信仰成为推动个体和社会整体不断向前发展的动力。信仰的力量体现在对目标的执着追求和对自身目的实现的渴望,它不仅激发了个体的内在潜能,还塑造了人类社会的共同价值观和前进方向。思想是人类精神的表达,是人类在实践过程中对客观世界的认识和评价,是人类智慧的凝结。思想通过理论、观念、价值观等形式,反映了人类社会的历史、现状和未来发展趋势。

(三)文化包含价值观

价值观是人类心灵深处的一种衡量标准,是对客观事物价值的个性化认知。它从属于精神,是与历史发展和社会进步息息相关的人类思想状态,是人类思想的重要组成部分。在我们日常生活中,价值观无处不在,它影响着我们的判断、选择和行动。价值观是文化的核心层次,是文化传承和发展的基石。价值观的本质是价值,它涵盖了我们对于人、事、物的评价标准,是我们判断是非、优劣的基本观念。无论是在个人、社会、民族还是国家层面，价值观都发挥着至关重要的作用。价值观的多样性和特殊性，很大程度上决定了文化的多样性和特殊性。美国人类学教授威廉·A.哈维兰（W.A.Haviland）认为："文化是不可见的行为，是人们用以解释和导致行为所反映的价值观和信仰"。[①] 不同民族的文化受到历史、地理、宗教等多种因素的影响，形成了各自独特的价值观。在我国，即使是同一民族的文化，由于地域、习俗、教育等方面的差异，也存在着价值观的多样性。这种多样性在一定程度上丰富了我国的文化内涵，但也带来了价值观的碰撞与融合。在其中，中华民族精神反映出来的价值观在文化中的地位尤为重要。它决定着文化的主流方向，是人的行为的文化动因。中华民族精神所包含的道德观念、行为准则、审美情趣等，对于一个国家和民族的发展具有根本性的作用。特别是在我国社会发展进入新时代的背景下，强化价值观的引领作用，对于推动先进文化的繁荣发展具有重要意义。

（四）文化是知识

文字符号作为一种独特的表达方式，承载着丰富的知识，而知识则是文化的载体。日本筑波大学的研究会提出，文化是由行为、价值、语言、信仰、知识等多重元素共同构成的。这里的文化，实质上是一种精神文化的体现。知识既有认知、思维和创造的内涵，也包含传承和变革的意义。知识跨越地域和民族的界限，体现了文化的普世性。知识是人类进步的阶梯，是推动人类社会不断发展的重要动力。知识是人类历史传统和认识活动的积累、结果和总结，它将文化的精神、文化的价值观与社会的物质层面和制度层面紧密相连。知识是人类文化发展、人类精神力量、人类价值观变革的基石。作为一种精神和智慧的力量之源，知识对于一个国家和民族来说，是最为根本和持久的力量。知识的吸收、借鉴和创新被视为国家发展的重要战略，因此，我们将文化视为综合国力的重要因素。

二、绵延于中华民族的传统文化

传统文化是由"传统""文化"两个概念组合而成的。所谓"传统"，是指世代传承的、具有自身特点的社会历史因素，如逐代延续的思想道德、风俗习惯、

---

① 〔美〕威廉·A.哈维兰.当代人类学[M].王铭铭，译.上海：上海人民出版社，1987.

文学艺术、制度规范等。而传统文化的概念就是建立在以文化为合理内核，在历史环境中形成、演变、积累、沉淀并成型的，可以世代传承的、具有一定精神特质的民族文化上。因此，并不是所有历史上出现过的文化都可称为传统文化，而只有那些具有历史意义和现实价值、具有生命活力的文化，才能被保存并延续下来，这些具有重要价值、具有生命活力的经典文化被称为"传统文化"。无论西方国家还是中华大地，都有着自己辉煌而又灿烂的文化，这是每一个国家和民族的精神家园，是民族团结傲立的精神脊梁，是任何一个民族和国家都不能抛弃的瑰宝。

中华传统文化，又称"中华民族的传统文化"，它是深深扎根于我国广袤土地上的宝贵遗产。这个文化体系源于生活在这片土地上的中华民族的智慧和创造，经过漫长的历史发展和演变，逐渐形成并发展为一个具有稳定形态、能够团结并增强民族凝聚力、代表着中华民族特质的文化体系。中华传统文化是中华民族历史长河中各种思想文化、观念形态的集合，它包含了中华民族特有的精神风貌，鲜明地体现了民族特色。这是一种内涵丰富、历史悠久、底蕴深厚的优秀文化，它承载着中华民族的智慧和精神，传承着我们的文化基因。中华传统文化是中华民族几千年文明的瑰宝，它包罗万象，博大精深。以儒家思想为核心，融合了道家、佛家、法家等多种思想内涵，涵盖了古文、诗词曲赋、音乐、国画、书法、曲艺等多种艺术形式。这些文化元素相互交织，共同丰富了中华传统文化。

传统文化与高校思想政治教育的融合性现今正受到越来越广泛的关注，但相关的研究还比较匮乏。因此，探索如何在高校思想政治教育中挖掘传统文化的积极意义，如何将传统文化与高校思想政治教育进行融合，对突出传统文化的当代教育价值具有重要意义。

三、中华优秀传统文化与高校思想政治教育的融合

（一）中华优秀传统文化的现代解读

推崇中华优秀传统文化，既是当代中华文化建设的核心要义，亦是国家治理体系与治理能力提升的关键策略。我们秉持的中国特色社会主义道路，我们塑造并实践的社会主义核心价值观，我们传承的中华优秀传统美德，皆为国家治理体

系的重要组成部分，且皆得益于中华优秀传统文化的哺育与滋养。

1. 中华优秀传统文化是社会主义核心价值观的源头活水

在我国，建设中国特色社会主义事业，实现中华民族的伟大复兴，是全体中国人民的共同目标和历史使命。这一伟大事业的健康发展，离不开社会主义核心价值观的引领与支撑。社会主义核心价值观凝聚了全体中国人民的共同价值观，为国家的长治久安提供了有力的精神支柱。中国共产党作为全党的核心领导力量，明确指出了社会主义核心价值观要根植于中华优秀传统文化。这揭示了社会主义核心价值观与中华优秀传统文化之间的紧密联系。中华优秀传统文化博大精深，蕴含着丰富的道德理念和价值观念，为社会主义核心价值观提供了源源不断的思想资源。

2. 中华优秀传统文化是中华传统美德的资源宝库

道德，作为一种精神层面的文化现象，始终与文化紧密相连。中华传统美德是中华文化的精髓，凝聚了丰富的思想道德资源。道德与文化相互交融，承载着中华民族最深层的精神追求。只有牢记历史，不忘初心，才能在传承中创新，继往开来。在两千多年前，中国就出现了百家争鸣的盛况，诸子上究天文、下穷地理，建立了博大精深的思想体系。他们提出的诸多理念，如孝悌忠信、礼义廉耻、仁者爱人、与人为善、自强不息等，至今仍深深影响着中国人的生活。中国人看待世界、社会、人生，有自己独特的价值体系。中国共产党高度重视道德建设，强调在道德建设中充分借鉴中华传统美德的必要性。中华优秀传统文化的当代价值得以充分彰显，既体现在传承和弘扬中华传统美德上，又表现在与时俱进、不断创新上。

（二）中华优秀传统文化融入高校思想政治教育的意义

1. 有利于丰富思想教育、政治教育、道德教育的内容

思想教育、政治教育、道德教育是思想政治教育的重要组成部分。中华优秀传统文化是我们国家的宝贵财富，其中蕴含的宇宙观、天下观、社会观、道德观等丰富思想，对于我们今天的高校思想政治教育具有重要的指导意义。将这些观念融入高校思想政治教育，不仅有助于丰富教育的内涵，更能激发学生的爱国情怀，增强文化自信心。

首先，有利于丰富思想教育的内容。思想教育主要涵盖思维方式与世界观、人生观、价值观两大核心要素。诸如"授人以鱼，不如授人以渔"的观念，便强调了科学思维方式对于个体发展的关键性作用。世界观是人们对世界的根本认知与总体观点，它从根本上主导着人民群众在认识和实践过程中的方法论，并在此基础上制约着人民群众的价值观和人生观。

其次，有利于丰富政治教育的内容。政治教育是一种特殊的教育形式，其主要目标是培养学生的政治素养，帮助他们形成正确的政治观念、价值观和社会责任感。在中华优秀传统文化的深厚底蕴中，包含着"天下为公、民为邦本、为政以德"的天下观和社会观。这些观念与习近平总书记强调的"江山就是人民、人民就是江山"的思想高度一致，也与我们党全心全意为人民服务的宗旨完美契合。政治教育的重要性不言而喻。在我国，政治教育是全面贯彻党的教育方针的重要组成部分，是培养社会主义建设者和接班人的必要途径。通过开展政治教育，我们可以帮助广大青少年增强"四个自信"，坚定理想信念。

再次，有利于丰富道德教育的内容。道德始终贯穿在人与人、人与社会之间的互动过程中。它是一种无形的约束，引导着人们在社会生活中作出正确、合适的举动。自古以来，我国就有着丰富的道德传统，如中华优秀传统文化中包含着"兄友弟恭、父慈子孝、夫妇一体"的家庭伦理观念，在维护家庭成员间的和谐关系，进而在维护社会的和谐稳定上发挥着独特作用。在国家层面，我国古代文化中有着"位卑未敢忘忧国，事定犹须待阖棺""天下兴亡，匹夫有责""苟利国家生死以，岂因祸福避趋之"的爱国情怀。这种爱国情怀深入人心，成为中华民族精神的核心组成部分。

2. 有利于坚定大学生的文化自信

当代大学生肩负着传承和发扬中华优秀传统文化的重任。只有通过深入学习和了解，我们才能对中华优秀传统文化产生深厚的情感，进而对它的未来发展充满期待，并且树立文化自信。

首先，有利于大学生从指导思想层面正确认识中华优秀传统文化，坚定文化自信。在我国古代哲学中，无论是"己所不欲，勿施于人""君子和而不同，小人同而不和"的思想，还是"千里之行，始于足下""福兮祸所伏，祸兮福所倚"等思想，都蕴含着深刻的辩证法智慧，这些思想内化到中国传统文化的深层结构之中，内化到中国人的思维方式之中，反映出中华民族和气淡然的民族智慧。另外，中华优秀传统文化中的"家天下"思想，强调家国一体的观念，与科学社会主义中的集体主义思想有着异曲同工之妙。我国人民在不断探索中经历了从文化自觉到文化自信的转变。正是这种文化自信，支撑着我们在逆境中自强不息，于困境中砥砺前行。

其次，有利于大学生从中华优秀传统文化的当代价值中坚定文化自信。第一，从社会主义核心价值观的角度来看，这些价值观深深地扎根于中华优秀传统文化之中，古圣先贤的思想在其中得以体现。同时，它们也展示了中华优秀传统文化与时代的共鸣，以及我国人民在传承中不断创新发展的精神风貌。例如，"礼之用，和为贵"传递了和谐的理念，"水可载舟，亦能覆舟"寓意着民主的重要性。第二，从治国理政的角度来看，中华优秀传统文化为我们提供了丰富的智慧。如"协和万邦"倡导构建人类命运共同体的理念，"天下一家"强调铸牢中华民族共同体意识的重要性，"居安思危"提醒我们要始终保持党的自我革命精神，"因时而变，随世而治"则鼓励我们全面深化改革，不断适应时代发展的需要。

将中华优秀传统文化与高校思想政治教育相结合，有助于大学生充分认识到中华优秀传统文化的价值，为进一步引导他们积极践行社会主义核心价值观打下坚实基础。

3. 有利于铸牢大学生的中华民族共同体意识

中华优秀传统文化是我国各族人民共同的精神财富，它不仅是各族人民团结奋斗的精神根基，更是我们民族精神的核心组成部分。在新时代背景下，弘扬中华优秀传统文化，让其在思想政治教育中发挥积极作用，对于培养大学生树立正确的民族观、国家观和文化观，对铸牢中华民族共同体意识具有重要意义。

第二章　高校思想政治教育与传统文化融合的理论依据

迄今为止，关于中华优秀传统文化与高校思想政治教育的研究成果颇为丰富。同时，将二者相结合的学术探讨亦有所进展。然而，关于中华优秀传统文化的传承及高校思想政治教育的重要性与紧迫性，现有研究仍显不足。本章主要阐释高校思想政治教育与传统文化融合的理论依据，主要围绕文化传承理论、文化育人理论、全面发展理论展开论述。

第一节　文化传承理论

传统文化是民族的血脉和基因，蕴藏着丰富的思想政治教育资源，亦具有思想政治教育的价值和功能。思想政治教育作为传统文化传承的主要媒介，是弘扬传统文化内涵的重要手段，更是传统文化传承的主阵地。

党的二十大报告多次强调要"坚定道路自信、理论自信、制度自信、文化自信"，并多次提及"传承中华优秀传统文化"，这不仅彰显了我国对传统文化的重视，也表明了在新时代背景下，传承和发展中华优秀传统文化的重要性。在此基础上，如何将中华优秀传统文化的传承与高校思想政治教育相结合，成了一个亟待解决的关键性问题。将中华优秀传统文化传承与高校思想政治教育相结合，不仅有助于提升高校思想政治教育的质量，也有利于传承和发展中华优秀传统文化。

一、中华优秀传统文化传承提出的背景

中华优秀传统文化是中华民族在漫长的历史长河中，历经千年的积累和沉淀

形成的宝贵财富。它蕴含着丰富的文化遗产、深厚的民族精神和强大的育人功能，是中华民族的精神支柱和文化底蕴。长期以来，我国政府始终将传承和发展中华优秀传统文化作为国家战略，积极推动相关工作，习近平总书记也多次强调"优秀传统文化是中华民族的精神命脉，是最深厚的文化软实力"[①]。

我国政府高度重视中华优秀传统文化的传承与发展，不仅从理论层面深入阐明了其重大意义，更从现实层面出台了一系列专项政策，以推动中华优秀传统文化的传承和发展，如《完善传统文化教育指导纲要》明确提出，要将传统文化教育纳入国民教育体系，强化中华优秀传统文化在各级各类教育中的地位和作用。《关于实施传统文化传承发展工程的意见》则从国家战略高度对传统文化传承发展进行了全面部署，包括加强传统文化研究、弘扬传统文化内涵、推动传统文化创新等各个方面。《教育部关于开展传统文化传承基地建设的通知》则着重强调了在高等教育领域建设传统文化传承基地的重要性，以培养更多具有传统文化素养的人才。

这些政策性文件对中华优秀传统文化传承具有深远意义。一方面，它们为传统文化在现代社会的传承和发展提供了政策保障；另一方面，它们也推动了全社会对中华优秀传统文化价值的认识和挖掘，进一步激发了传统文化传承的热情。

党的二十大报告指出："我们要坚持马克思主义在意识形态领域指导地位的根本制度，坚持为人民服务、为社会主义服务，坚持百花齐放、百家争鸣，坚持创造性转化、创新性发展，以社会主义核心价值观为引领，发展社会主义先进文化，弘扬革命文化，传承中华优秀传统文化，满足人民日益增长的精神文化需求，巩固全党全国各族人民团结奋斗的共同思想基础，不断提升国家文化软实力和中华文化影响力。"[②] 在历史长河中，中华优秀传统文化传承的重要性不言而喻。如今，在新时代的发展浪潮里，传承和弘扬中华优秀传统文化更是成为我国社会的一大主旋律。这不仅是对历史文化的尊重和传承，更是中华民族文化自信的体现。

---

① 习近平. 在中央党校建校 80 周年庆祝大会暨 2013 年春季学期开学典礼上的讲话 [N]. 人民日报，2013-03-03（2）.
② 高举中国特色社会主义伟大旗帜 为全面建设社会主义现代化国家而团结奋斗：在中国共产党第二十次全国代表大会上的报告 [N]. 人民日报，2022-10-26（1）.

二、高校思想政治教育融合中华优秀传统文化传承的意义

中华优秀传统文化传承所涉及的内容博大精深，涵盖哲学、文学、艺术、科学等诸多领域。如何在现代社会中将这些优秀传统文化传承下去，并使其发扬光大，是一个亟待解决的问题。解决这个问题需要找到一个有效且可靠的工作抓手，以确保中华优秀传统文化的传承能够深入人心，落地生根。青年学生作为中华优秀传统文化传承的重要力量，肩负着继承和发扬民族优秀文化的使命。他们同时也是高校思想政治教育的主要面向群体，承担着成长为具有社会主义核心价值观的新时代人才的重任。因此，实现中华优秀传统文化传承与高校思想政治教育的深度融合，是推动青年学生全面发展的关键契合点，也是发扬中华优秀传统文化的工作抓手。

中华优秀传统文化传承与高校思想政治教育的深度融合在我国社会发展中具有重要的现实意义。许多学者针对这一议题提出了富有启发性的观点。他们普遍认为，中华优秀传统文化传承与高校思想政治教育既相对独立，又紧密相连，二者可以并且应该建立起相互促进、相互补充、相互支持的合作关系。

首先，中华优秀传统文化传承与高校思想政治教育不能人为地分割开来，二者存在许多重叠之处，换句话说，中华优秀传统文化传承与高校思想政治教育可以同步进行、相互融合、共同发挥作用。它们之间存在紧密而复杂的内在联系。其次，在特定情境下，中华优秀传统文化传承与高校思想政治教育会相互交融，形成一体两面的格局，共同服务于高校人才培养工程。这种融合既有助于提升学生的思想道德素质，也有助于培养具有家国情怀、肩负民族复兴使命的社会主义建设者和接班人。再次，融合中华优秀传统文化与高校思想政治教育有助于增强教育实效。优秀传统文化中蕴含的道德观念、人文精神、家国情怀等，为高校思想政治教育提供了丰富的教育资源。通过深入挖掘这些资源，有助于丰富教育内容，提升教育吸引力，增强教育感染力。最后，中华优秀传统文化传承与高校思想政治教育的融合有助于提升人才培养质量。优秀传统文化中的智慧、道德、精神等元素，与思想政治教育紧密结合，能够更好地引导学生树立正确的世界观、人生观、价值观，促进学生全面发展。

而且中华优秀传统文化传承与高校思想政治教育深度融合，在客观上也促进了文化育人工作的顺利开展。在当前机遇和挑战并存的时代背景下，中华优秀传

统文化传承与高校思想政治教育的深度融合,为我国教育事业的发展注入了新的活力。中华优秀传统文化传承与高校思想政治教育的深度融合,为发扬中华优秀传统文化提供了有力支持。我国五千多年的文明史积淀了丰富的文化底蕴,这些文化瑰宝是中华民族的骄傲,也是我们在全球化背景下树立民族自信的基石。优秀传统文化蕴含着丰富的道德观念、智慧哲理和人生价值观,对学生的成长具有深远的影响。通过将优秀传统文化与思想政治教育相结合,高校可以在文化育人的过程中,自然而然地融入思想政治教育理念,提升学生的核心能力、综合素养和思想修养,并且培养学生成为合格的社会主义建设者和接班人。

三、高校思想政治教育推动中华优秀传统文化传承的优势

(一)党和国家的高度重视

党和国家高度重视高校学生的精神培养,并认识到中华优秀传统文化在其中的关键作用。蕴含着丰富的道德观念、人生哲学和审美情趣的中华优秀传统文化,既能够提升高校学生的思想道德素质和文化素养,又能增强他们的文化自信心、民族凝聚力和自立自强意识。为了充分发挥思想政治教育的真正作用,党和国家明确提出,应当将中华优秀传统文化与思想政治教育相结合。这种结合旨在借助博大精深、源远流长的中华优秀传统文化熏染,为思政课堂注入新的生命力。通过这种方式,激发学生对思政知识的学习兴趣,从而提高教学质量。

(二)理论基础和教学教师资源

教育部对高校思想政治教育教师的数量和质量进行严格管控,这一举措旨在确保教育的稳定性和有效性。利用好高校思想政治教育这一平台,对中华优秀传统文化的传承和发展,具有十分重要的作用。优秀的教学资源和现有的教学平台可以为中华文化的普及和传承提供有力支持。通过这些资源,我们可以最大限度地提升文化传承的稳定性和有效性。在现代社会,人们对于优秀传统文化的需求日益增长,近几年我国加强了高校思想政治教育,已经在高校形成了一套比较完善的教育管理系统。该管理系统不仅有助于中华优秀文化的传承,而且确保了文化传播的科学性和规范化。在此基础上,我们还能够严格规范文化传播的过程,确保文化传承的准确性和完整性。

四、高校思想政治教育面临的中华优秀传统文化传承危机

（一）教育者对文化传承价值欠缺深入认知

在当前的时代背景下，部分思想政治教育者在对传统文化资源的挖掘上存在一定局限性。他们对中华优秀传统文化的理解仅仅停留在表面，未能全面、深入地挖掘其中的宝贵财富。中华优秀传统文化是中华民族历史积累的瑰宝，包括诗歌、书籍、民间艺术、节日习俗、传统礼仪、思想文化、价值取向、民族精神以及心理状态等各种物质或非物质的文化形态。这些文化资源不仅丰富了我们的精神世界，也为思想政治教育提供了丰富的素材。然而，许多高校思政教育者在进行教育内容设计时，往往仅关注前人研究的成果，将重点放在思想文化层面。这种做法虽然有一定道理，但他们却忽视了其他同样具有教育价值的文化领域。实际上，无论是以实体形态出现的器物、字画，还是以非物质文化形态传承下来的手艺，都是高校教育者可以深入研究并挖掘其教育价值的内容。在这些文化领域中，可以为学生提供更加丰富、多元的教育资源。例如，通过研究古代的器物和字画，学生可以了解到我国传统艺术的独特魅力，进而增强民族自豪感和文化自信。而传统手艺的学习和传承，不仅可以培养学生的创新精神和实践能力，还可以使他们更加尊重和珍惜传统文化。

（二）受教育者对文化传承欠缺主动性

如今，信息化进程迅猛发展，网络技术的高速推进使大学生接触传统文化的途径愈发丰富。以往，学生们主要依赖课堂与教师来认识传统文化，然而如今，他们可以借助互联网在更广阔的领域内获取相关资讯。尽管如此，这种便捷性亦存在一定问题。网络中的信息纷繁且错综复杂，大学生在面临这些信息时，往往容易感到困惑与彷徨。此外，伴随着信息爆炸和互联网的普及，大学生的社会化过程呈现出日益早熟的态势。在金钱至上和实用主义价值观的冲击下，他们对中华传统文化的热情逐渐减退，关于传统文化传承的主观能动性亦相对薄弱。

（三）思想政治理论课未能充分体现文化传承的意义

思想政治教学在高校教育中十分重要，它是学生了解和传承我国传统文化的核心渠道，也是激发他们探索传统文化魅力的途径。通过思想政治教学，我们能

传递党和国家的宏观政策以及教育理念，使学生在深入了解国家大政方针的基础上，更好地投身于国家建设和发展。思想政治理论课教学，无疑是整个思想政治教学体系中的中流砥柱。它不仅展现了一国的文化和民族的精神内核，更是教育工作中最为基础且重要的任务。然而，如今在部分高校中，教材的内容显得相对陈旧，与现代社会的实际情况和文化发展阶段存在一定脱节。思想政治理论课对于传统文化的理解也显得较为表面化。对于那些深藏在传统文化中的优秀基因，往往未能进行深入的挖掘和借鉴。由此，传统文化与现代受教育者在时空上的交流与互动受到制约，使得传统文化在思政教育中的积极作用未能充分展现，同时思政教育也未能深入传承传统文化的内核。

五、高校思想政治教育传承中华优秀传统文化遵循的原则

（一）与社会主义核心价值观教育相结合

中华文化源远流长，博大精深，凝聚了历代人民群众的智慧。其独特的包容性使得文化丰富多彩，是中华民族传承至今的宝贵精神财富。社会主义核心价值观是我国当代人民群众的智慧结晶，是在反复实践中取得的重大突破，体现了人民群众的理想追求和我国优秀的价值文化。社会主义核心价值观的形成离不开中华优秀传统文化的滋养，它既是传统文化的传承，又是传统文化的创新，是新时代优秀传统文化的表现形式，彰显了优秀传统文化的内在精神和本质价值。思想政治教育应充分融合中华优秀传统文化和社会主义核心价值观，丰富学生的精神世界，提升学生的精神境界，培养高素质人才，落实学生的德育工作。

（二）理论学习与实践活动相结合

中华优秀传统文化的传承，需要理论和实践的结合。在我们从小接受的教育中，老师们常常用"举一反三"的典故来教导我们，强调要将学到的知识与现实生活相结合。然而，在长期的应试教育环境下，许多学生逐渐脱离实际生活。他们在学习过程中，往往只是死记硬背课本知识，而忽略了学习内容的真实含义。这种现象不仅阻碍了学生个性的发展，还限制了他们的实践操作能力。因此，在思想政治教育方面，我们更应该注重增加实践活动，以确保学生对思政知识的理

解准确无误，从而促进他们思想政治知识体系的形成。对于中华优秀传统文化的传承，我们更应当以实际行动为主。理论知识虽然重要，但仅仅停留在书本上是远远不够的。要想真正传承和发扬传统文化，我们需要将之付诸实践。因此，丰富多彩的实践文化活动是必不可少的。通过举办各种实践活动，让学生亲身参与，真正感受到传统文化的底蕴。这样，他们才能在实践中不断成长，将理论知识与实际相结合，为我国的发展作出贡献。

六、高校思想政治教育传承中华优秀传统文化的策略

（一）充分挖掘中华优秀传统文化传承的重要价值

我国在漫长的岁月里，沉淀了无数深邃的思想成果和有价值的研究内容。然而，在相当长的一段时间里，这些宝贵的财富并未得到充分的挖掘和传承。普遍表现为，社会氛围浮躁，对文化价值的探索浅尝辄止，甚至忽视传统文化的精髓。高等教育领域也同样如此。诸多高校在对待传统文化的优秀成果和社会主义核心价值观时，缺乏深入的关联研究和应用探索。当前的思想政治教育课程，也还过多地停留在近现代价值观的判断和解读方面，而对于千年来的传统文化精髓，却鲜有课程设置和内容讲述。传统文化中，固然存在一些落后的观念和与社会公平相背离的内容，但这并不意味着我们要全盘否定。相反，教育者应当发挥主观能动性，结合当下社会环境，创新传统文化思想政治教育。这是一项重要且紧迫的工作，广大思政工作者和高校教育工作者都应该充分挖掘传统文化的重要价值，将文化传承纳入工作重心，并为大学生思想政治教育贡献应有的力量和价值。

（二）开设更多以中华优秀传统文化传承为内容的实践性课程

高校思想政治教育的课程内容和教学方式对于学生的学习积极性和教师的教学成果具有直接的影响。在当前的时代背景下，我们不能让大学思想政治教育陷入老旧的模式和僵化的思维。相反，教师需要积极寻求创新，以激发学生的学习热情。首先，思想政治课程的改革应当打破传统的教育方式，激发学生的探索精神。通过引入文化传统与现实案例的结合，使学生在课堂中感受到文化的魅力，从而提高他们的学习积极性。其次，课程内容应当注重人文传统，促进优秀传统

文化的传承与发展。这样既能让学生深入了解传统文化，又能激发他们对优秀文化的向往，从而增强民族文化的自豪感。再次，通过课堂教学，教师要引导学生感知传统文化，使他们更加重视文化传承的重要性。这种教育方式可以增强学生对民族文化的自豪感，还能使他们更加自觉地承担起文化传承的责任。最后，以文化传承为目标的思想政治教育，需要注重学生的实践体验。让学生在实践中感受文化，深化对文化的理解，从而实现文化的传承。

（三）重视社会和家庭的作用

在中华文化传统中，家庭也承担着传承文化、培养后人的重任。以家庭为单位，以父母为支撑的教育模式在我国历史长河中一直发挥着重要作用。这种教育模式强调亲情关爱、尊老敬贤，注重道德修养和人文素养的培育。在独生子女时期，社会家庭的关注点集中在数量更少的群体上，这种教育模式更是凸显了其独特优势。随着我国政策的变化，多子女家庭会逐渐增多，但社会和家庭对于大学生思政教育的基础作用并不会减少。相反，在社会环境日益复杂的今天，我们更应该重视这种教育模式。

为了营造适合大学生学习传统技艺的氛围，社会和家庭应当共同努力。在社会层面，应当弘扬中华传统文化，营造尊重、传承和发扬传统文化的良好氛围。在家庭层面，父母要身体力行，传承家风，让子女在家庭环境中感受到传统文化的魅力。这样，大学生在家庭环境中就能感受到传统文化的熏陶，激发他们了解、传承和发扬传统文化的热情。

家庭要发挥教育子女的主体作用，注重培养子女的道德品质和文化素养；社会要为家庭提供丰富的传统文化资源，为大学生传承传统文化提供便利条件。

第二节　文化育人理论

文化的基本职能在于塑造个体，使其接受教化，此过程即为文化育人。文化育人意指以文化人，在遵循思想政治教育及大学生成长规律的基础上，通过文化价值观念的渗透，使先进文化价值深入人心，进而转化为个体的内在信仰与外在行为，实现文化潜移默化的影响，促进个体全面发展。

一、文化育人的基本内涵

理解文化育人，首先要理解文化育人中的"文化"是什么。文化育人中的"文化"有三重内涵：一是指育人"内容"和"载体"意义上的文化，即以什么样的文化内容和文化形式育人；二是指文化育人"过程"意义上的文化，即"文而化之"的教化或转化的过程；三是指育人"目标指向"意义上的文化，即育人的核心"目标指向"，其是从更深的精神文化层面教化人、塑造人。因此，正确理解"文化育人"的丰富内涵，需要深刻理解三个问题，即"以什么样的文化育人""以怎样的形式育人""育人的核心目标指向是什么"。

（一）用社会主义先进文化培育人

"以什么样的文化育人"中的"文化"，是指内容和载体意义上的文化。载体意义上的文化，我们可以理解为思想政治教育的一种手段和工具，旨在通过各种文化成果的教化作用，提升个体的思想境界和道德品质，这种文化载体不仅包含了丰富的思想政治教育价值观念，而且广泛地渗透在物质文化、制度文化、精神文化的各个方面。载体意义上的文化并非孤立存在，而是与现实社会生活紧密相连。人们在与他人交往、参与社会活动的过程中，对这种文化进行感知、接受和习得。

育人载体意义上的文化能够为思想政治教育主体所利用，能够为人们所感知和认同，具有先进性，对人有思想政治教育功能。内容意义上的文化即文化育人活动，从文化哲学的角度看，文化育人活动实质就是用社会主导文化去建构人们的思想、意识和行为。作为当代中国主导文化的中国特色社会主义文化，对我国社会的发展具有深远的影响。它不仅塑造了国家的文化形象，更决定了中华文化未来的发展方向。在这个基础上，文化育人的重要任务就是无论运用何种文化载体，都必须确保其所承载的文化内容为社会主义先进文化。这也是文化育人的基本内涵之一。

（二）在渐进的文化过程中培育人

我们常常将文化与艺术、哲学、历史等联系在一起，视其为一种静态的存在。然而，文化并非仅限于这些固化的成果，它更是一种动态的过程，一种人与文化相互作用、相互塑造的历程。人在世界上的文化实践活动，无论是琐碎的日常活动还是宏大的创举，都可以视为"文化"的过程。"过程"意义上的文化，其核心在于"化"。这个过程主要包含两个方向：一是文化对人的"化"，即文化作为一种力量，塑造人的思想、行为和价值观；二是人在实践中主动地向文而"化"，即人在与文化的互动中，主动地吸收、消化和创造文化，使之不断演进和发展。这两个过程在人的成长中同时存在，相辅相成，形成了一个永不停歇的人与文化之间的双向建构过程。

文化育人的核心在于通过文化的外在给予和内在生成方式化育文化个体，引导个体向文而化，进而促进人的提升与完善。这个过程并非一蹴而就，而是一个渐进的"文而化之"的教化或转化过程，即"文化"的过程。文化育人的外在给予和内在生成过程，强调的是文化价值从客体到主体，再到客体的内化与外化的转化过程。这个过程实质上是把客观的文化内化为个体精神活动的过程。换句话说，它是将文化主体的价值观念、行为规范等渗透到个体的内心，使之逐渐接受、认同并转化为自身的行为准则。要实现这一过程，关键在于实现文化主体与客体之间双向互动。这种互动不仅包括个体对文化客体的认识、接受、转化，还包括文化客体对个体的影响、塑造、提升。在这个过程中，文化主体客体化（人的知识化）和文化客体主体化（知识人化）相互转化，形成一个动态的、持续的教化与成长过程。

"文化"过程育人贵在促进人的知行统一，重在发挥文化生活实践的养成作用，它是将人类已经发展起来的先进文化成果转化为个体内在本质力量、促进人的精神生活全面发展的过程。这一过程，从根本上讲，就是人在文化价值认知基础上实现知行统一的过程。而无论是人对文化的价值认知，还是由此促成的文化行为，都离不开人的文化生活实践。因此，只有充分发挥文化生活实践的养成作用，促进人在渐进的"文化"过程中实现知行统一，才能真正实现在"文化"的过程中育人，才能真正体现出在文化的外在给予和内在生成过程中的育人价值。从这个意义上讲，文化育人的第二重基本内涵就是在渐进的"文化"过程中培育人。

（三）从人的思想观念和理想信仰层面育人

文化育人中"文化"的第三重内涵，是指育人"目标指向"意义上的文化。

文化育人的核心"目标指向"是人的精神文化，即实现人的内在思想观念转变。这里所说的人的内在思想观念转变，并非简单地将文化知识从一处搬到另一处，也不是被动地从制度接受行为改变的过程。而是一个从认知文化，认同文化价值观念，到将这些价值观念内化，甚至升华成为理想信仰，最后外化为恪守价值准则或追求理想信仰等行为的一系列复杂转化过程。其中最重要、最根本的是人的价值观念和理想信仰的形成，这是文化育人"目标指向"意义上"文化"的终极形态（即人的精神文化）。从这个意义上讲，文化育人的第三重基本内涵是指在人的价值观念和理想信仰形成中培育人。

二、高校思想政治教育文化育人的基本特征

（一）文化育人的方式具有潜隐性的特点

在众多情况下，我们可以发现，高等教育中的思想政治教育文化育人过程往往需要借助一种隐性的教育方式，以实现其教育目标。高校思想政治教育文化育人，尽管包含了理论教育，但它并不局限于这种显性的教育方式。相比于单纯的课堂理论教育，它更倾向于运用隐性的教育手段来实现育人目标。这意味着，理论灌输并非高校思想政治教育文化育人实践的唯一途径。文化育人需要运用理论灌输，但同时，我们还必须注意到那些看不见、摸不着，却又真实存在并影响学生的文化活动。这些活动都在对学生进行着教育、感染和熏陶。对于高校思想政治教育文化育人来说，我们需要善于运用文化育人的隐性特质，让学生在潜移默化中时刻受到优秀文化和先进文化的熏陶。

（二）文化育人的过程展示出高度的协同性

文化育人是一个复杂而深刻的过程，其内部各要素之间紧密相连，并非孤立存在。在这一过程中，有着严谨的内在逻辑。尤其是高校思想政治教育，其文化育人的目标旨在全面提升人的文化素养。高校思想政治教育文化育人的实现，并非依靠单一力量，而是需要各种教育力量的协同作用。这些力量包括教师、学生、教育内容、教育方法等，它们在教育过程中各有侧重，但又相互关联，共同推动文化育人目标的实现。在这个过程中，协同性显得尤为重要。高校内部不同的教育力量和要素需要在横向上相互配合，形成合力。无论是专业课教师还是思想政

治理论课教师，都应肩负起文化育人的责任。他们需要相互协作，共同为学生提供全面、立体的人文教育。不同年级的文化育人层次在纵向上应有所区别。这是因为，随着学生的成长，他们的认知能力、价值观念都在不断成熟。因此，教育者需要根据学生的年龄特点和需求，提供有针对性的文化教育。高校思想政治教育文化育人是一个多元化的过程，涉及多种教育力量、教育方式和教育要素的综合运用。这要求教育者们在实践中充分认识到各要素之间的协同性，确保它们在教育过程中相互配合、同向而行。

（三）文化育人的效果展现出高度的持久性

文化的力量并非直接作用于人类行为，却能深入影响人的思想品质，进而塑造其行为模式。这种潜移默化的文化教育方式，使得高校思想政治教育的成效更为持久，效果更为稳固。在此过程中，大学生的自觉性和主动性得到充分激发，促使他们实现自我教育目标，从而增强了高校思想政治教育的实际影响力。文化作为一种精神力量，能够塑造人格，滋养心灵。人格的完善和心灵的滋养并非一蹴而就，而是通过长时间的积累和熏陶才能得以实现。文化无处不在，无时无刻不在影响每个人的思想和行为，使得文化教育的效果具有持久性特点。

三、高校思想政治教育文化育人的目标所在

我国教育要"培养德智体美劳全面发展的社会主义建设者和接班人"[1]，这就需要将以下几个方面作为重要价值目标。

（一）不断增强大学生的思想道德素质

大学生是新时代坚持和发展中国特色社会主义伟大事业的一支新生力量，同时也是重要力量。他们若具备高尚的思想道德素质，可以辐射带动其他社会成员，进而提升全社会、全民族的思想道德水平。为实现这一目标，我们需要在以下几个方面着力。

首先，加强大学生的政治素质培养。高校思想政治教育文化育人，通常情况下是以柔性、潜移默化的方式影响着大学生的思想观念。通过丰富多样的文化育

---

[1] 习近平主持召开学校思想政治理论课教师座谈会强调：用新时代中国特色社会主义思想铸魂育人，贯彻党的教育方针落实立德树人根本任务 [N]. 人民日报，2019-03-19（01）.

人实践活动，可以进一步提升大学生的政治素质，使他们坚定中国特色社会主义道路的信念，为国家的繁荣富强贡献自己的力量。其次，提升大学生的道德素质。大学生是社会风气的接受者和引领者，他们的道德素养关系到中华民族的整体道德水平。我们要关注大学生的道德教育，引导他们树立正确的价值观，培养良好的道德品行，这也是高校思想政治教育文化育人的重要目标。

大学生作为中国特色社会主义伟大事业的新生力量，他们的思想素质对于全社会、全民族的思想道德水平具有重要影响。我们要以此为基础，着力提升他们的思想道德素质，为构建文明和谐社会、实现民族复兴奠定坚实基础。

（二）引导大学生进一步厚植文化自信

首先，要积极帮助大学生进一步牢固树立科学的文化观。所谓文化观，就是人们在长期实践中形成的对于文化现象总的看法和根本观点的总和，在性质上有正误之分。习近平总书记明确提出了"引导人们树立正确的历史观、民族观、国家观、文化观"的重要要求。这一要求旨在推动全社会形成正确的文化认知，促进国家文化事业的繁荣发展。高校作为培养时代新人的重要阵地，思想政治教育肩负着培育具有正确文化观的人才的重要使命。为此，高校应当积极开展教育工作，引导大学生树立科学的文化观。这将有助于大学生形成正确的文化观念，使他们具备正确对待不同性质、不同来源、不同内容文化的能力。

其次，要引导大学生进一步坚定文化自信。大学生在新时代背景下，需要在树立科学文化观的基础上，进一步树立和坚定文化自信。这也是我国高校思想政治教育肩负的重要责任。习近平总书记曾明确提出"坚定文化自信"的概念和部署，旨在引导大学生进一步厚植文化自信。要实现这一目标，高校思想政治教育首先要关注文化自信的内涵建设。教育工作者要引导大学生深入了解中华优秀传统文化，让他们认识到中华民族五千多年文明的独特价值，从而增强文化自豪感。同时，要积极推广现代中国特色社会主义文化，让大学生感受到国家文化的繁荣发展，进一步提升他们的文化自信。此外，高校思想政治教育还要关注大学生的文化实践。鼓励大学生参与文化创新和传承，让他们在实践中感受到文化发展的脉搏。通过文化实践，大学生能够将文化自信外化为实际行动，为国家文化繁荣和发展贡献自己的力量，进而使大学生发自内心地从精神深处生成认同感，厚植文化自信。

(三) 要进一步提升大学生的文化素养

文化素养代表着个人或群体的文明程度，大学生文化素养是未来社会成员文明程度的重要体现。文明是文化的高级形态，文明素养涵盖了良好的精神风貌、健康的心理状态和规范的社会行为等，大学生文明素养的高低则映射了全社会文明程度的高低。因此，努力提升大学生的文明程度，实际上就是在提升全社会思想道德素质的道路上迈出了坚实的一步。大学生作为青年群体中的佼佼者，他们的行为举止和社会责任意识对于整个社会的文明进步具有重要的推动作用。进一步增强大学生的文化素养应该作为社会普遍关注和高度重视的重要任务。我们要帮助大学生牢固树立科学的价值追求，让他们在多元化的文化背景下，保持独立思考和正确判断。我们要引导大学生完善自身人格，培养他们的社会责任感和公民素养。我们要持续提升大学生的文化素养水平，让他们在不断丰富的精神世界中，成为具有国际视野和本土情怀的现代人。

四、高校思想政治教育以中华优秀传统文化育人的实践路径

将中华优秀传统文化融入思想政治教育以实现文化育人功能，是高校人才培养过程中的一项整体任务，需要通过提升思想政治教育教师的传统文化素养与身教能力、营造社会主义核心价值观引导下充盈的传统文化校园氛围、引导学生自觉涵养并传承传统文化精神三个环节共同推进。

(一) 教师先行：提升思想政治教育教师的传统文化素养与身教能力

高校教师在传授专业知识的同时，更承担着指导和引领学生健康成长的思想政治教育之责。教师对学生的影响，离不开教师的学识和能力，更离不开教师为人处世、于国于民、于公于私所持的价值观。梅贻琦先生曾讲道："学校犹水也，师生犹鱼也，其行动犹游泳也，大鱼前导，小鱼尾随，是从游也，从游既久，其濡染观摩之效，自不求而至，不为而成。"[①]。

教师是传播知识、启迪思想、塑造灵魂的工程师，承担着培养社会主义现代化建设者和接班人的重要使命。因此，加强作为思想政治教育工作主体的教师对蕴含中华民族精神与优秀道德品质的中华优秀传统文化的认同感与归属感尤为重

---
① 梅贻琦.中国人的教育[M].北京：中国工人出版社，2013.

要。他们要以身作则，将蕴含价值理念与道德规范的中华优秀传统文化精髓以及社会主义核心价值观"内化于心、外化于行"。教师要通过自身言行，潜移默化、润物无声地引领和影响学生的思想意识和言行举止。这样才能使学生在耳濡目染中接受优秀传统文化的熏陶，形成良好的道德品质和价值观念。此外，从事思想政治教育工作的教师应对传统文化保持理性反思、客观审视的态度，并能作出正确的价值判断。这有助于他们在取舍与创造性转化传统文化的过程中，更好地发挥以身示范的作用。例如，对于传统文化中符合社会主义核心价值观的内容，教师应予以传承和发扬；对于不符合的部分，要有勇气进行改革和创新，使之适应时代发展的要求。

　　青年学生是国家的未来和希望，他们的认知能力和评判能力正处于不断提升的阶段。在这个阶段，学生在接触和理解传统文化过程中，正确的引导和科学的评判至关重要。倘若缺失，他们将极易对传统文化的精神产生误解或误判。这种状况可能带来负面影响：学生可能会片面地认为，传统文化的传承与发展即盲目地将古代事物应用于现代，不顾及传统文化在历史发展过程中所受到的认识水平、时代条件和社会制度的局限与制约。这种观点将所有传统文化不加区别地视为中华优秀传统文化，忽视了传统文化的多元性和复杂性。还可能会使他们忽视传统文化在现代社会的价值引领作用。为了防止这些问题的出现，从事思想政治教育的教师必须坚持以科学分析的态度对待中华优秀传统文化。他们需要具备历史唯物主义的批判精神，对传统文化进行辩证反思，引导学生正确认识和评价传统文化的时代价值。

（二）学校重视：营造社会主义核心价值观引导下充盈的传统文化校园氛围

　　社会主义核心价值观是在中华优秀传统文化的创造性继承与创新性发展的基础上建立起来的，它融合了我国传统文化的精华，顺应了时代发展的要求，为我国社会发展提供了重要的价值指引。对于高校来说，如何在教育教学过程中认同和培育社会主义核心价值观，是一项至关重要的课题。高校应在大思政环境下将知识传授与价值导向有机结合起来，使学生在获取知识的同时，树立正确的世界观、人生观和价值观。高校在大思政环境下认同和培育社会主义核心价值观，是一项长期而复杂的任务。高校应充分发挥自身优势，将知识传授与价值导向相结合，营造良好的校园文化氛围，发挥思想政治教育的育人功能。

思想政治教育工作，关乎人才培养与国家意识形态安全，不仅是思想政治理论课教师和思想政治辅导员的职责，更是整个学校肩负的重要使命。在我国高校，思想政治教育应以"立德树人"为核心，通过潜移默化的方式，将中华优秀传统文化的精髓和社会主义核心价值观融入课堂教学、课外活动、校园网络媒体等多个层面，全面提升青年学生的思想政治素质。要有意识地将德育内容融入课程，使学生在学习专业知识的同时，也能接受到德育的熏陶；课外活动是学生展示自我、锻炼能力的平台，也是进行思想政治教育的重要场所，通过举办各类主题活动，引导学生积极参与，可以使他们在实践中感受道德的力量，从而将其内化为自身的行动准则；校园网络媒体作为新时代的重要传播工具，应以弘扬主旋律、传播正能量为己任，用健康向上的内容引导学生形成正确的价值观。通过这样的方式，培养出一批批德才兼备、全面发展的人才。

（三）学生践行：自觉涵养并传承传统文化精神

教育者和受教育者如同鸟之两翼、车之两轮，相互依存，缺一不可。在高校思想政治教育实践中，我们必须认识到，高校在打造文化发酵池、营造浓郁文化氛围的过程中，不能过分依赖外在管理层面的准则和守则。我们不能仅仅通过说教、灌输的方式硬性达到教育目标，应该引导学生自觉坚持知行合一、坚持为人与为学的统一，实现能力与德性、知识与修养的自觉均衡发展。教育者要引导学生主动参与到文化的传承和创新中，让他们在实践中感受文化的魅力，从而内化为自己的精神力量。

第三节 全面发展理论

在马克思主义理论体系中，全面发展理论占据着核心地位。这一理论源自马克思对人类社会发展规律的深入剖析，强调人的全面发展与社会发展的全面结合。人的全面发展不仅是科学社会主义理论的基石，更是社会主义国家建设的根本导向。实现人的全面发展，既是社会主义的本质要求，也有效彰显了社会主义制度的优越性。在社会主义实践中，我们必须始终坚持人民至上，不断推进人的全面发展和社会全面进步。

党的十八大以来，习近平总书记在对前人理论成果进行全面继承的基础上创新发展，实现了马克思主义中国化的全新诠释。在这一过程中，习近平总书记深刻阐述了人的全面发展思想，为我国新时代的发展指明了方向，提供了理论支撑。在中国迈向现代化的新阶段中，思想政治教育承载着更为重要的责任，同时也面临着前所未有的挑战和问题。尽管外部环境和发展任务发生了变化，但思想政治教育的初心始终未改，那就是促进人的全面发展。这是我国思想政治教育的根本任务，也是新时代新征程中我国社会发展的重要目标。

一、马克思关于人的全面发展理论的内涵

人的全面发展理论是马克思主义的基本核心理论，实质上也是马克思主义理论的最终出发点。马克思主义通过揭示人类社会发展的基本规律，引导劳动者建立以公有制为基础的大同理想社会，其最终目标也是为实现人的全面发展创造条件。由此可知，人的全面发展理论是马克思主义理论体系的核心与精髓。人类社会的发展离不开现实的人，人是人类社会发展的终极目标和受益者。

马克思认为应该辩证地、全面地理解人的本质，这是科学认识人的基础。马克思认为，要从社会关系的角度来全面认识人的本质问题：人具有区别于动物的一般性特征，人有意识、有目的地改造自然的活动就是人类的基本特征，也是与动物的根本性区别；从人与社会的辩证关系来看，人在某种程度上是社会关系的总和；每个人的成长经历不同，从而使每个人具有不同的个性特征。通过全面分析人与社会的辩证关系，有利于全面认识人全面发展的科学内涵。通过从社会发展的角度来分析人全面发展的内涵，可以从主体性的角度来归结为"人""全面""发展"。人的全面发展离不开社会生产力的发展，人全面发展的实现程度受到社会生产力发展的制约。社会生产力的发展是实现人全面发展的根本，没有社会生产力的高度发展，没有物质财富的极大丰富，就不能够实现人的全面发展。社会生产力的发展、社会物质财富的创造，归根到底是为了实现和促进人的全面发展。人是社会发展的主体，是促进社会发展的直接动力，没有人就没有社会。因此，社会的发展必须尊重人的权利与尊严，任何组织与个人都不能够侵犯个人的最基本权益，这样的社会发展才是符合规律的发展。"人的全面发展"应该是符合人性与社会发展规律的发展，是个体全面自由的发

展,是个体社会关系与平等交往的全面发展,也是符合个人需求与能力的全面协调发展。

二、党的十八大以来关于人的全面发展理论的探索

面对知识经济时代的来临,网络技术的飞速发展与广泛普及对人类全面发展的内涵提出了新的标准与要求。据此,党的十八大明确提出将推动人的全面发展纳入中国特色社会主义道路的内涵之中,以适应社会经济发展的崭新形势。

(一)实现了人的全面发展中国化的新飞跃

党的十八大在社会经济发展方面,确定了党长期坚持的根本指导思想——科学发展观,同时还将科学发展观确定为中国共产党执政为民、治国理政的指南,这充分表明,我们党充分认识到科学发展观对我国社会发展的理论具有指导意义和实践意义。人的全面发展理念构成了科学发展观的核心部分,实现人的全面发展是中国特色社会主义理论的根本归宿和最终落脚点,同时也是衡量全面构建小康社会的重要目标和根本标志。习近平总书记指出:"广大青年要坚持面向现代化、面向世界、面向未来,增强知识更新的紧迫感,如饥似渴学习,既扎实打牢基础知识又及时更新知识,既刻苦钻研理论又积极掌握技能,不断提高与时代发展和事业要求相适应的素质和能力。"[①]

当前中国发展进步的最终出发点和价值归宿就是最终实现人的全面发展,从制度设计方面来说,一系列由制度、体制、机制所构成的中国特色社会主义制度体系是"中国发展进步的根本制度保障"[②]。要实现人的全面发展,必须把实现人的全面发展与全面建成小康社会的社会实践全面结合起来,在认真贯彻学以致用原则的同时,也要贯彻群众路线,深入基层、深入群众,在社会的特殊转型期,保持社会主义现代化建设中的正能量,在复杂的社会环境中摆正身姿,掌握扎实的知识理论,努力在多重压力中成就自身目标,成就栋梁之才。

党的十八大报告指出:"必须更加自觉地把以人为本作为深入贯彻落实科学发展观的核心立场,始终把实现好、维护好、发展好最广大人民根本利益作为党和

---

① 习近平谈治国理政 [M]. 北京:外文出版社,2014:123.

② 习近平谈治国理政 [M]. 北京:外文出版社,2014:11.

国家一切工作的出发点和落脚点,尊重人民首创精神,保障人民各项权益,不断在实现发展成果由人民共享、促进人的全面发展上取得新成效。"① 这表明要将实现人的全面发展作为我党奋斗的最终目标。只有实现了人的全面发展,才能加强党的群众基础,才能保障经济社会发展的成果能够真正惠及广大人民群众,进而才能实现社会的长治久安,确保社会的全面和谐发展。

(二)进一步丰富了人的全面发展的基本内涵

在我国社会经济进入一个崭新的历史阶段之际,中国共产党把提高社会经济发展水平,为实现人的全面发展奠定物质基础确定为自己工作的主要目标。中国共产党深刻认识到生态文明建设对推动人的全面发展具有至关重要的作用。所以党的十八大把生态文明建设同经济建设、政治建设、文化建设、社会建设一起列入中国特色社会主义总体规划,从而建立起"五位一体"总体框架。走"促进人的全面发展"道路,我们应当以具有中国特色的社会主义理论为行动导向,积极落实科学发展观,大力推动社会主义生态文明的建设。我们需要努力减少对自然环境的过度依赖,倡导资源节约的经济模式,提高自然资源的使用效率,加强环境管理和生态保护,将生态文明建设与实现人的全面发展、民族振兴共同推进,同时要将实现社会和谐发展作为生态文明建设的最终目标,从而能在更广的范围和更深的层次上推动人类的全面进步。

(三)全面建成小康社会为实现人的全面发展提供了可能

党的十八大报告明确提出,公平正义是促进人的全面发展的必要条件,维护社会公平正义是党和国家必须坚持的原则。公平正义深植于人们的社会交往关系之中,并关乎社会的基本性质。在资本主义社会中,生产资料私有制的主导地位导致了社会不公平现象。在这种环境下,个人发展的机遇受到资本的严重制约,人们无法实现全面自由的发展。在这种社会环境下,所谓的公平仅仅是一句空洞的口号,人们需要服从资本的控制,不得不牺牲自身全面发展的机会。公平正义的社会环境是实现人民全面发展的重要基础。党的十八大高度重视公平正义理念在社会经济发展中的重要意义,并将其视为衡量社会文明程度的重要标志。从政治制度设计层面,为确保人民全面发展提供了有力保障。倘若缺乏公平正义的社

---

① 习近平谈治国理政[M].北京:外文出版社,2014:13.

会环境，人民的全面发展也将难以实现。

权利公平的核心理念强调，任何公民都应享有生存和发展的基本权利，而不应因其性别、职业、财产或出身等因素而遭受不公平的对待。每个人都享有通过社会发展来促进人的自由发展的权利。这表明，每位公民的合法权利都应当受到法律的保护。因此，无论是个人还是组织，都不应该剥夺公民的这些权利，而真正地促进并保障每个人的全面自由发展，这是一个公平正义社会的重要标志。机会平等是指每个社会成员都有平等的生存和实现个人发展的机会，他们不仅可以公平地参与社会的各种活动，还能公平地享受社会经济进步所带来的各种好处。近些年的发展趋势显示，机会的公平性并不是导致结果公平性的唯一因素，但我们深知，不公平的机会必然会带来不公平的结果，而机会的公平性为确保每个人都能全面自由地发展打下了坚实的基础。

规则公平是指每一个人在规则面前一律平等，社会全体成员受同一规则约束，在规则面前，任何人都没有特权。只有建设公平正义的社会，才能保证人的全面发展，才能营造实现人全面发展的社会环境，同时激励每个社会公民都能参与到公平竞争中去。人们通过这种公平竞争可以享受社会经济发展带来的种种机遇，最终确保结果的社会公平。

自从党的十八大之后，在以习近平同志为核心的党中央领导下，将"人民对美好生活的向往"确定为奋斗的目标。在推进中国社会不断前进的历史进程中，我们始终坚持马克思主义这一理论，并将其作为人类对更加美好的未来的社会追求，同时还将致力于为人类创造一个更美好的生活和实现人的全面发展，并制定了相应的策略，同时也根据广大民众的实际需求和长远利益来规划发展方向。党的每一项工作都是根据人民群众的需求出发的，并将其作为最终发展目标。

三、习近平关于人的全面发展思想的深刻内涵

人的全面发展是马克思主义的最高价值追求，也是社会主义社会的本质体现，中国共产党历来对此非常重视。十八大以来，习近平总书记就人的全面发展问题发表了许多见解，其内涵丰富，涉及思想指导、现实前提、内部动力、路径保障诸多方面。同时也深入地解答了"什么是人的全面发展、为什么要实现人的全面

发展、如何实现人的全面发展"这一时代问题，为促进新历史背景下人的自由而全面发展提供了根本指导原则。

（一）思想指南：以人民为中心

习近平总书记始终强调"要坚持以人为本，尊重人民主体地位，发挥群众首创精神"。他深刻回答了在新时代推动人的全面发展进程中的发展对象、发展因素、发展成果由谁共享等重大问题，彰显了新时代习近平总书记关于人的全面发展思想的根本立场。

中国共产党在百年发展历程中与时俱进地发展了以人民为中心的思想，社会的发展本质上就是人的发展。"江山就是人民、人民就是江山，打江山、守江山，守的是人民的心。"①习近平总书记进一步阐释了"江山"和"人民"的辩证统一关系，人民打下了江山，江山守好靠人民。这是中国传统"民本"思想的创新性发展，如孟子的"民贵君轻"、荀子的"君舟民水"等都是"民本"思想的体现，人民江山论与"民本"思想高度契合。在二十大报告中，习近平总书记指出"要深入实施科教兴国战略、人才强国战略、创新驱动发展战略"②，培养大批德才兼备的高素质人才，集聚到党和人民事业中来，将人的全面发展贯穿于社会主义建设的方方面面之中。

习近平总书记在一系列重要讲话中，把人的全面发展作为经济发展和社会进步的终极目标进行了系统阐述。而人在精神文化方面的发展，其价值更大。作为一种思想教育的主要手段，思政课在涵育精神文化方面有独特的教学优势，那就是思政课的设计，思政课的设计不仅要有顶层设计，还要坚持群众路线，促进人的全面发展。

（二）现实前提：美好生活

马克思与恩格斯所描述的美好生活，是以生产力高度发达为基础，并在这种基础上实现人的自由而全面的发展。由于在资本主义的私有制体系中，人民无法享受到富足的生活条件。因此，马克思提议放弃私有财产，走向共产主义

---

① 习近平. 在庆祝中国共产党成立100周年大会上的讲话[M]. 北京：人民出版社，2021：8.
② 习近平. 高举中国特色社会主义伟大旗帜为全面建设社会主义现代化国家而团结奋斗——在中国共产党第二十次全国代表大会上的报告[M]. 北京：人民出版社，2022：33.

的道路。"共产主义的本质特征是人以一种全面的方式占有自己全面的本质。这种占有并不是在私有财产关系统治下带有功利性、目的性的据为己有、为我所用，这种占有从根本上讲，是一种通过人的对象性关系并且坚持人的本质的对象化的占有。"①

随着社会和时代的不断进步，我国不仅解决了人民的温饱问题，还进一步提出了"美好生活"这一概念。美好生活不仅仅是物质上的满足，它还体现在民主、法律、公平和正义等多个方面。党的二十大对"美好生活"这一概念又进行了新的诠释，并为全面推进社会主义现代化国家的建设以及实现第二个百年奋斗目标绘制了宏伟的规划蓝图。在这个新的历史时期，要采取中国式现代化来推进中华民族的伟大复兴。在新时代背景下，"美好生活"不仅仅是基于生产力的高度增长来提升民众的生活品质，它更代表了一种人类文明的新形态，这一模式包括了政治的顶层设计、经济、文化、生态等多个方面。

习近平总书记提出，在新的时代背景下，人的自由而全面的发展是现代化的物质文明与精神文明的和谐统一，这是基于共同繁荣的更高层次的发展，而在这一进程中，人民群众始终是中心力量。

（三）内在动力：辛勤劳动

社会的发展是通过劳动推动的，劳动是社会发展的决定性因素，社会是无法自然产生的。美好生活和人的全面发展也不能自然产生，而是需要依靠人民的辛勤劳动才能实现。

习近平总书记关于劳动的论述是在个人学习、生活中沉淀下来的思想结晶，他强调了劳动的重大意义，"劳动是财富的源泉，也是幸福的源泉"②。同时进一步强调，"必须牢固树立劳动最光荣、劳动最崇高、劳动最伟大、劳动最美丽的观念，让全体人民进一步焕发劳动热情、释放创造潜能，通过劳动创造更加美好的生活"③。只有通过不懈的劳动，我们才能深入挖掘人类的本质力量，并为人生发展提供坚实的物质支撑。仅当物质财富十分充足时，人们的精神世界才能得到更

---

① 秦荣.私有财产和共产主义——马克思《1844年经济学哲学手稿》解读[J].文化创新比较研究，2019（33）：192，194.
② 习近平同全国劳动模范代表座谈并发表重要讲话[J].当代兵团，2013（09）：2.
③ 习近平同全国劳动模范代表座谈并发表重要讲话[J].当代兵团，2013（09）：2.

大的充实，从而促进每个人实现自由而全面的发展。劳动实践中所孕育出的劳动精神、劳模精神和工匠精神，都为新时代的社会进步注入了持久的动力。劳动作为人与人之间最基础的社交纽带，是实现中华民族伟大复兴和中国梦的核心要素，这与各个行业的人民付出的辛勤努力是分不开的。换句话说，我们必须重视人民群众在物质劳动、物质创造和人才培养等方面的推动作用，以全方位地激发人民群众的创造性和积极性。只有在尊重和激励的基础上，保护好人们的物质和精神劳动成果，我们才能确保有源源不断的发展内动力，从而实现人的全面发展。

（四）路径保障：新发展理念

党的十八大以来，以习近平同志为核心的党中央提出创新、协调、绿色、开放、共享的新发展理念，是关系我国发展全局的一场深刻变革，是关于我国发展理论的一次重大创新。习近平总书记指出："一定的发展实践都是由一定的发展理念来引领的。发展理念是否对头，从根本上决定着发展成效乃至成败。"[①]新发展理念对各方面都提出了要求，不仅有政治、经济、文化方面的要求，同时还有对人的自由而全面发展提出的要求。只有具备新发展理念，经济社会才能实现高速发展，如果没有新发展理念，那也难以解决不平衡不充分的发展问题。创新发展着眼于解决发展动力的难题，为实现人的全面发展注入持续动力；协调发展着眼于解决发展不平衡的难题，为实现人的全面发展铺就一条和谐之路；绿色发展着眼于解决人与自然之间的关系问题，为人的全面发展打下了稳固的生态基础；开放发展着眼于解决发展过程中的内部和外部联动问题，为实现人的全面发展提供面向未来的全新方向；共享发展着眼于解决公平正义的难题，是实现人的全面发展的价值旨归。习近平总书记明确指出，在这个新的时代背景下，为了实现人的全面发展，我们必须遵循新发展理念。为了确保人的全面发展得到保障，我们需要从创新、城乡发展环境、自然环境以及国内外环境这几个方面进行深入的研究和社会环境分析。

---

① 习近平在省部级主要领导干部学习贯彻党的十九届五中全会精神专题研讨班开班式上发表重要讲话强调，深入学习坚决贯彻党的十九届五中全会精神确保全面建设社会主义现代化国家开好局[J].旗帜，2021（02）：5-7.

四、习近平关于人的全面发展思想对思想政治教育的启示

（一）顺应主体嬗变趋势——以学生为主体

当前大学思想政治课程教学中学生在课堂上的存在感不够显著，而一些老师讲课只是为实现教学目标，并没有深入探究怎样教好学生，因此，教学出现了严重的形式化问题，而没有真正收到教育效果。深入探究其中的原因，是学生的主体地位不强、没有较高的话语权，同时也不能将自身的作用充分发挥出来。

习近平总书记提出的"人的全面发展"理念，突出了在社会中应该注重人的主体地位。在新时代，思想政治理论课要突出"立德树人"的作用，突出学生的主体性，在思想政治理论课中突出学生的话语权。高校思想政治理论课和思政工作的顺利开展，主要取决于学生的主观意愿。在课堂上，学生缺乏参与的意识，就无法专心听课，从而影响学习的效果。要使这一现象得到彻底的改观，就必须从以下几个方面着手。首先，要充分尊重学生的主体地位，改变传统的授课模式，积极探索新的教学形式。为了提高学生的参与度，可以尝试使用启发式教学、讨论式教学以及模拟教学等不同的教学模式，从而激发学生的学习兴趣。其次，还可以充分利用新兴媒体技术。作为年轻一代的"00后"大学生，他们十分熟悉网络环境，因此要想开展思政教育，就可以在学生熟悉的微博、抖音等社交媒体平台开展教育，通过这些平台收集学生的反馈和需求，从而使得教学更有针对性和有效性。最后，要转变单向输出方式，提出问题的目的是要解决问题，而不是为了形式主义的民主而提问，要努力提升学生的获得感与归属感。此外，还需要了解他们的思想状态和话语风格，让教育者成为大学生学习上的引领者。

（二）坚持动态观察——彰显时代精神

只有当人们对美好生活的需求得到满足时，思想政治教育的实际效果才会显现。因此，思想政治教育的实施必须紧紧围绕受教育者的需求来展开。思政课的独特之处在于其与时代的紧密联系。因此，在教学过程中，为了让课堂充满新意并激发学生的学习热情，教师需要重视"思政元素"的融入，而不仅仅是简单地传授知识。

习近平总书记就人的全面发展思想，指出个人发展的前提是拥有美好生活。

为了推动思想政治教育的发展，我们应当紧跟时代潮流，在理念和实践、当下与未来、中国与世界的交流中，让学生深刻体悟思想政治教育的内涵，并能够做到将思想政治教育内化于心、外化于行。为了提高高校思想政治教育的实效性，必须对教育内容进行改变，具体可以在教育内容中添加具有时代性的元素，可以从以下几点着手。首先，要丰富课堂教学资源。深入学习中国脱贫攻坚与疫情阻击战的经验与事迹，领悟其精神含义，把教学案例运用于思政课，从而提升青年学生的理论认同感与情感共鸣。其次，对环境资源进行深入的发掘与利用。通过融合新媒体资源、专家资源，并积极利用重大节日开展主题教育等方式，能让广大青年学生参与到活动中并引起共鸣，进而能自觉树立正确价值观。最后，把世界融入思政课教材中。让学生牢固树立人类命运共同体意识，将个人发展与世界发展融为一体。

（三）更新劳动教育理念——实现知识教育与劳动教育的有机统一

习近平总书记在提出人的全面发展思想时，强调了劳动的重要性。通过劳动才能创造财富，只有当物质富裕的时候，人们才会有更多的机会去享受精神生活。在全国教育大会上，习近平总书记进一步强调，应坚持中国特色社会主义教育发展道路，培养具备德智体美劳全面发展能力的社会主义建设者和接班人。为了增强对劳动教育的重视，需加强对思想政治教育实践的重要性认识。同时，要深入挖掘与劳动教育相契合的课程内容，引导广大青年学子在劳动过程中实现自我价值与社会价值。在高校的思政课教学中，主要有六门课程，分别是"马克思主义基本原理""毛泽东思想与中国特色社会主义理论体系概论""思想道德与法治""中国近现代史纲要""形势与政策""习近平新时代中国特色社会主义思想概论"。每门课程所授内容各不相同，因此，要想将劳动教育融入思想政治教育中，就需要在思政理论课保持不变且完整的基础上融入进去，进而可以系统地将劳动教育思想阐述出来。比如在《马克思主义基本原理》的第四章第一节，我们可以结合教材中所解释的马克思关于劳动价值论的观点，引导大学生深刻理解其核心，帮助他们形成正确的劳动价值观，从而在青年学生中培养出"尊重劳动、热爱劳动"的崇高风尚，同时还能帮助学生认识到，劳动不仅能创造出物质财富，同时还能满足精神上的需求，进而能够促进人的全面发展。

(四)贯彻新发展理念——统筹推进思政一体化建设

在促进人的自由而全面发展方面,习近平总书记强调要用新的发展理念作为实践路径,这一做法与思想政治教育实践有些相似之处。

首先,我们需要加强顶层设计。在创新思想的指导下,思政课需要深入解释习近平新时代中国特色社会主义思想中守正创新这一显著特点。同时应该坚持以习近平新时代中国特色社会主义思想为导向,根据问题制订好实施方案、实施时间等内容。在教育过程中,我们始终引导学生积极传承红色基因,发扬红色文化精神,始终与时代同步前进,树立敢于领先、持续创新的精神。

其次,应积极推动各类思政要素的紧密结合。立德树人思想贯穿于一切社会活动。要达到立德树人这一目的,就必须对各类群体及资源进行整合,如学生处和团委之间的协作,校内外的资源整合等。与此同时,还要以协调、共享等理念为指导来开展这一活动,这样才能突破种种困难,从而推动协调发展,进而最终形成协同优化的整体效应。

最后,要进行融合教育,习近平总书记指出"教育是提高人民综合素质、促进人的全面发展的重要途径"[1],在思政课的教学中,我们应当以绿色和开放的理念为导向,在教学过程中多利用"绿色"理念,例如生态文明行为教育、节约型校园行为教育和道德观教育,从而让学习回到生命的起点。另外,还需要注意的是,在思政课的教学过程中,不仅要将思政课的专业性凸显出来,还要多进行学科融合,从而形成合力,提升课堂教学效果。

五、促进学生全面发展的高校思想政治传统文化教育

(一)提升大学生思想道德修养,助力高校立德树人

在中国特色社会主义教育事业的发展中,立德树人是其根本所在。高校作为育人的重要场所,应该将立德树人作为主要任务,从而能为中华民族的伟大复兴提供源源不断的人才支撑,进而为中国特色社会主义事业培养合格的社会建设者与未来的接班人。在高校教育中,思想政治教育工作是立德树人的根本任务,而高校思想政治教育工作的重要目标又是提升大学生思想道德修养。中华优秀传统

---

[1] 习近平同北京师范大学师生代表座谈时的讲话 [EB/OL].新华网,2014-9-10.

文化历经数千年演进，已形成自己特有的道德标准，这为高校的思想政治教育核心目标的实现提供了有价值的教育资源。中华优秀传统文化注重人伦，关注道德修养，在很多古籍中都有涉及伦理道德的阐述，如"君子坦荡荡，小人长戚戚"（《论语·述而》）、"言必信，行必果"（《论语·子路》），强调个人要加强自我道德修养，不断实现自我完善；又如"穷则独善其身，达则兼济天下"（《孟子·尽心上》），强调良好的道德修养还要不断外化、释放，从而实现"内修"与"外修"的统一。这样的道德理念和行为规范培育了众多志在"家国天下"的仁人志士，也为当今大学生提升道德修养提供了道德指引。

（二）坚定大学生文化自信，发展社会主义先进文化

通过文化能够看到民族的凝聚力，通过文化还能创造出时代创造力，同时文化还支撑着国家与民族的生存与发展。当今，全球正处于一个百年未有的大变局之中，在这种情况下，有越来越多的思想文化碰撞交流，因此，文化也就成为政治斗争的主要形式，而文化安全也成为国家安全的新课题。"坚定文化自信，是事关国运兴衰、事关文化安全、事关民族精神独立性的大问题。"[①]因此，作为能够应对不同文化之间的斗争与能够保卫国家文化安全的重要场所，高校应该充分发挥自身的作用，发挥中华优秀传统文化的教育价值，进而坚定大学生的文化自信。只有让大学生坚定文化自信，才能更好地维护国家的文化安全、巩固社会主义意识形态、发展社会主义先进文化。

中华优秀传统文化是中华民族文化发展的核心动力和思想源泉，作为中华民族的宝贵财富，其蕴含着深厚的文化底蕴和卓越的智慧成果，社会主义先进文化在继承和弘扬中华优秀传统文化的基础上，不断适应时代发展的需求，进行创新性转化，成为丰富社会文化生活、升华人民精神世界、凝聚民族价值共识、坚定民族文化自信的重要力量。为了充分发挥中华优秀传统文化的育人功能，进一步强化大学生的文化素养，增强大学生的文化认同感和文化自信，高校思政工作者应以高度的历史责任感和时代使命感，积极探索传统文化的创新路径，深入挖掘中华优秀传统文化的时代价值，激活其时代活力，使其引领时代潮流，推动社会

---

① 人民网.习近平在中国文联十大、中国作协九大开幕式上的讲话[EB/OL].（2016-11-30）[2023-10-30].http://www.people.com.cn.

主义先进文化不断向前发展，为建设社会主义文化强国作出积极贡献。

（三）涵养社会主义核心价值观，实现价值引领

正是由于文化的交流，才能促进高校学术思想的不断发展进步，但这也为高校的思政教育带来了许多挑战。例如部分大学生会受到消极思想文化的影响，很容易在思想与价值理念上走向歧途。面对这种情况，高校应该及时科学地引导学生走向正确的道路，从而使其正确对待多元文化的出现。社会主义核心价值观是中华优秀传统文化的精髓，同时在时代的发展过程中，社会主义核心价值观也会积极吸收现代文明的营养，彰显其时代精神，并引领社会价值观念的发展。"我们培育和弘扬社会主义核心价值观，必须从中华优秀传统文化中汲取丰富营养，使中华优秀传统文化成为涵养社会主义核心价值观的重要源泉。"[①]

仁爱是中华民族的传统美德，中国人身怀家国情怀，爱家人、爱他人，也爱集体、爱国家，"爱国""友善"就是仁爱思想在新时代的价值表达。民本思想注重以民为本，尊重人的主体价值，强调人民群众的历史主体地位，而"惠民利民，安民富民是中华文明鲜明的价值导向"[②]。民本思想深刻地体现了原始民主的核心理念，并为具有中国特色的社会主义民主注入了丰富的营养元素。只有坚持以民为本，才能实现真正的人人平等。诚信不仅仅是人际交往的基本准则，它更深层次地体现了中华优秀传统文化的核心价值观。在社会主义核心价值观中，所强调的诚信实质上是对传统诚信观念的进一步继承和发扬。诚信被认为是人的基本原则，而对处事上的诚信则是敬业。"诚，敬也"，这是指只有当我们坚守诚信原则时，我们才能真正展现敬业这一态度。可见，社会主义核心价值观中的敬业就是对传统诚信思想的传承和弘扬。中华优秀传统文化的核心价值体现在传统的正义观念上，这不仅是个体在社交活动中追求正义的表现，而且在社会管理中，更要求遵循正义原则，如"公义胜私欲"。《国语·晋语》云："义以生利，利以丰民。"意思是坚持正义就可以积累财富，实现国家富足，人民富有。社会主义核心价值观中的富强、公正正是对正义思想的当代阐释。

---

① 中共中央宣传部，中共中央文献研究室，中国外文出版发行事业局. 习近平谈治国理政[M]. 北京：外文出版社，2018：164.
② 中共中央宣传部，中共中央文献研究室，中国外文出版发行事业局. 习近平谈治国理政（第三卷）[M]. 北京：外文出版社，2020：471.

中华优秀传统文化强调"和合",而"和合"思想的核心内涵便是和谐。这种"和合"思想为实现人与人、国家与国家、人与自然以及人与社会之间的和谐关系提供了坚实的基础。自古以来,中国人一直追求的是一个自由、平等和和谐的大同社会,这种大同思想为社会主义核心价值观中的自由提供了价值导向。此外,在中国的传统社会中,礼乐文化受到高度重视,通过严格的等级制度和复杂繁琐的礼乐体系来规范和教育民众,以确保社会能够正常运作。礼乐文化中的核心内容,为社会主义的核心价值观,如文明和法治提供了坚实的理论基础。

第三章　高校思想政治教育与传统文化融合的现状分析

中华优秀传统文化融入高校思想政治教育，是全面贯彻落实习近平新时代中国特色社会主义思想和党的教育方针，实施思想道德教育的根本要求和有效手段。近年来，相关工作取得了比较显著的成效，但由于高校对此重视程度、科学规划和实施措施参差不齐，存在着教育质量不高和实效性不强等突出问题，没有完全达到以文化人、以文育人的目的。本章主要内容为高校思想政治教育与传统文化融合的现状分析，依次介绍了当前融合的现状和主要问题、问题产生的原因分析、对现有研究的反思与批判三个方面的内容。

第一节　当前融合的现状和主要问题

随着我国对外开放政策的不断深化，我国经济社会结构正在发生深刻变革。在此背景下，思想尚未成熟、价值观尚未定型的年轻人，正面临着多元文化交流与碰撞的冲击。因此，我们需要从中华历史传统中汲取能量，引导他们树立正确的世界观、人生观和价值观。作为培养全面发展的社会主义建设者和接班人的主要阵地，高校在新时代肩负着更加重要的历史使命。中华优秀传统文化在价值观念、精神追求和思维智能等方面为新时代的人才培养目标提供了坚实的保障，为以文化人、以文育人工作提供了有效途径。我们要认真总结和继承中华优秀传统文化的精髓，结合时代发展需求，不断创新人才培养模式。只有这样，我们才能更好地培养出全面发展的社会主义建设者和接班人，为实现中华民族伟大复兴的中国梦贡献力量。

一、中华优秀传统文化与高校思想政治教育融合的现状

第一，在中华优秀传统文化与高校思想政治教育的融合过程中，顶层设计与制度要求为其提供了重要的推动力。

2017年1月，中共中央办公厅与国务院办公厅联合发布了《关于实施中华优秀传统文化传承发展工程的意见》。这一文件的颁布为建设社会主义文化强国、提升国家文化软实力，并进一步推动中华民族伟大复兴的中国梦作出了指导。同时这一文件还对如何更好地继承和发展中华优秀传统文化提出了具体要求，并强调了在国民教育体系中融入中华优秀传统文化的重要性。在融入中华优秀传统文化的过程中，要紧紧围绕立德树人这一根本任务，同时不仅要遵循学生的认知与教学规律，还要按照一体化、分学段、有序的教学原则，将中华优秀传统文化融入思想道德教育、文化知识教育、艺术体育教育和社会实践教育的每一个环节中，以确保其在启蒙教育、基础教育、职业教育、高等教育和继续教育等多个教育领域都能得到充分体现。2017年2月，中共中央与国务院共同发布了一份名为《关于加强和改进新形势下高校思想政治工作的意见》的文件，文件着重指出，我们必须积极推广中华优秀传统文化，并将其融入教育和教学活动中。此外，我们还需要不断加强对革命文化教育和社会主义先进文化的教育，并积极传播民族精神和时代精神。2017年12月，中共教育部党组发布了关于印发《高校思想政治工作质量提升工程实施纲要》的通知，在文件中强调要大力提高高校的思想政治工作水平，以及构建以文化教育为主线的质量提升体系。同时还要注重通过文化影响达到育人、化人的目的。在高校教育中，还要深入开展各种文化教育，如中华优秀传统文化、革命文化、社会主义先进文化教育，从而能够为推动中国特色社会主义文化繁荣兴盛提供坚实的基础。同时，高校还应将意识形态领导权牢牢地掌握在自己手中，积极践行与弘扬社会主义核心价值观，优化校园与学习氛围，推动校园文化繁荣发展，形成有利于师生心灵成长、道德修养与社会风尚良好发展的优质环境。2019年3月，习近平总书记主持了学校思想政治理论课教师座谈会，在会议中强调了中华优秀传统文化的形成来之不易，同时也强调了革命文化与社会主义先进文化是由党带领着人民，在革命、建设与改革过程中逐渐形成的。正是由于这些文化的出现，为思政课教师的教学提供了基础。2019年8月，中共中央办公厅和国务院办公厅联合发布了《关于深化新时代学校思想政治理论课改

革创新的若干意见》。该文件强调高校应重点学习习近平新时代中国特色社会主义思想；党史、国史、改革开放史、社会主义发展史；宪法法律；中华优秀传统文化等组成的课程模块，同时还应根据这些模块开设相关系列的选择性必修课。2019年12月，习近平总书记在全国高校思想政治工作会议上发表了重要讲话，强调了高校思想政治工作的重要性，同时也强调了高校思想政治工作直接关系到高校"培养什么样的人、如何培养人以及为谁培养人"的根本问题。思想政治教育作为一种促进人的全面发展的教育方法，其内容应该扩展到历史文化领域。要真正解决思想政治工作的核心难题，关键是要将中华优秀传统文化融入高校思想政治教育中。因此，高校应该把重点放在这一方面，确保思想政治教育在提升学校的内涵建设和素质教育中发挥关键作用。

第二，在高校思想政治教育与中华优秀传统文化的融合过程中，要想构建一个有效的运行机制，必然离不开思想政治教育工作模式的创新。

在高校思想政治教育过程中全面融入中华优秀传统文化已得到教育界学者和专家的普遍认可，并被视为提升思想政治教育效果的重要战略举措。在严格的顶层设计和制度要求下，中华优秀传统文化与高校思想政治教育的深度融合正在得到不断深化和拓展。为进一步推动中华优秀传统文化在高校思想政治理论课程中的融合，要逐步加强中华优秀传统文化在思政教育中的运用，促进思想政治理论课的改革和创新，为其提供丰富的课程内容资源。根据相关规定，高校应构建更为完善的思想政治理论课内容体系，将中华优秀传统文化、革命文化、社会主义先进文化和以"四史"为主要内容的历史文化融入日常教学实践中，同时结合劳动教育、心理健康等相关素质教育课程，深入实施思想政治理论课创新计划。随着中华优秀传统文化对广大学生的陶冶和深入影响，思想政治理论课改革的效果将更加显著地显现出来，为培养具有高度思想觉悟和政治素养的人才提供坚实保障。

第三，在中华优秀传统文化与高校思想政治教育工作的融合进程中，势必会积累不少的经验，而这也将会为高校的思想政治教育开创新的局面。

随着中华优秀传统文化在高校思想政治教育中融合的程度不断加深，不仅积极推动了高校开创新的局面，还孕育出了许多思政教育案例，这些案例不仅有着显著的示范意义，并且其应用潜力也十分广阔。以甘肃省的"一校一品"红色基因传承活动为例,在这一活动中,高校以传统文化为基础,以红色文化为导向,将中华优秀传统文化、革命文化和社会主义先进文化有机地融合在一起,从而成功地塑造了一个具有特色的素质教育品牌。一些职业学院致力于将中华优秀传统文化融入工匠精神之中,深入挖掘"技进乎道"、自强不息与创新进取的核心价值,从而为高校的思想政治教育工作提供源源不断的精神支持。

二、中华优秀传统文化融入高校思想政治教育存在的问题

(一)中华优秀传统文化融入思想政治教育的力度不够

首先,中华优秀传统文化的资源在思政课程中难以得到充分运用,中华优秀传统文化与思想政治教育之间的融合程度有待提高。在目前的高等教育思想政治教育课程中,虽然众多高校都加强了对中华优秀传统文化的重视程度,将其积极融入思想政治教学课程中,但教师往往只是对中华优秀传统文化的相关素材进行简单讲解或让学生自行阅读了解,学生对这些素材的文化内涵仍旧了解不深,中华优秀传统文化在这期间也没有发挥应有的作用。

其次,中华优秀传统文化的相关课程普及程度尚待提升。从现行高等教育思政课程设置以及相关专业课程规划来看,中华优秀传统文化并未被纳入我国高等教育思想政治教育的核心内容,其在思想政治教育理论课的教学内容中分布不均,知识体系以思想政治教育的章节为依据被分割成若干部分,在各个单元中只是作为一个知识点存在。一些高校设置了中华优秀传统文化的相关选修课程,但仍有很多高校未对相关课程引起足够的重视。

最后,目前高校开展思想政治教育仍旧受传统应试教育观念的影响,不注重人文精神的培育。大学生正处在道德价值观念和品格形成和完善的关键阶段,但目前许多高校仍旧将学生的成绩作为评价学生的唯一标准,思想政治教育过程中只重视学生最后的考试成绩,忽视了中华优秀传统文化的人文教育功能。

(二)部分高校思政课教师的传统文化素养不高

将中华优秀传统文化融入高校思想政治教育,是提升思政课教学品质的必然要求。这需要思政课教师具备扎实的政治理论素养和深厚的传统文化底蕴。然而,我们必须正视的是,当前部分高校思政课教师在传统文化方面的素养尚显不足,

亟须提高其在教学中运用中华优秀传统文化的能力。为此，我们应该采取有效措施，加强对思政课教师的培训与引导，促进其在教学中充分融入中华优秀传统文化，进一步提升思政课的教学质量。

首先，我们必须认识到，我国高校从事思想政治教育工作的教师队伍在知识结构上存在一定的局限性。他们大多毕业于马克思主义理论及相关专业，这使得他们在理论研究和教育实践中具有较高的专业素养。然而，他们的知识结构相对单一，对传统文化素养的掌握相对不足，从而导致他们对中华优秀传统文化中所蕴含的思想政治教育资源认识不清，无法充分发挥这些优良教育资源的作用。

其次，当前高校思政教师教学任务繁重，一方面要担任思政教师开展思想政治教育，另一方面还要顾及自身的职称评定以及科研任务，在有限的思政教学课程中，思政教师为了及时完成教学任务而加快思政理论知识的教学，对于中华优秀传统文化中的思政教育资源没有进行挖掘和研究，甚至在思政课教学中完全忽视中华优秀传统文化的融入，使中华优秀传统文化的育人价值得不到有效发挥，这违背了立德树人的教育理念。

最后，高校思政课教师对于将中华优秀传统文化融入思政教学的方式了解不足，仅仅通过在思政教学内容中穿插一些传统故事再稍加讲解的方式来教学，没有意识到博物馆、文化馆、人文活动中心等教育场所的重要性，对中华优秀传统文化中蕴含的思政因素挖掘不足，不能充分发挥中华优秀传统文化的育人价值。

（三）高校的校园文化环境有待改善

中华优秀传统文化对高校校园文化建设具有深远影响，然而，在我国高校校园文化建设的实践中，中华优秀传统文化对学生的吸引力尚显不足，在大学生群体中引发的情感共鸣也相对有限。在开展校园文化体育活动时，部分高校对中华优秀传统文化所蕴含的时代价值与当代大学生的心理需求没有进行充分了解和把握，因此难以获得学生的欢迎。此外，部分学校的校史馆、广场公告栏、宣传栏等设施长时间未进行更新，内容呈现方式单一、宣传手段较为简单，导致学校文化建设浮于表面。这种现象对学校的思想政治教育产生了负面影响，可能使中华优秀传统文化在大学生中的认同度降低。

第二节 问题产生的原因分析

一、我国现行教育体制的影响

（一）教育体制存在的问题

从我国的教育体制方面分析，在很长一段时间中所设置的教育导向，主要是以应试、升学、就业等方面作为目标，带有明显功利性的色彩，这直接导致高校学生的思想道德素质和文化素质教育出现缺失，由此产生的不良影响也被教育界关注。

为了解决应试教育存在的问题，我国提出了素质教育改革，虽然得到了教育理论界的重视，并且在实践中也逐步取得了一些成效，但还是存在诸多问题，暂时还难以取代应试教育深入人心的位置。一方面是由于应试教育的影响广泛；另一方面是因为素质教育还处于成长发展阶段，与之相适应的教育目标体系等方面还没有发展完善，当前素质教育在我国各地的发展现状，整体来说还没有取得突破性的进展，也就说明我国在全面推进素质教育时，距离这一目标的实现还存在一定差距，其产生的原因有以下几种。

1. 素质教育与应试教育难以抉择

首先，从素质教育的角度出发，它能够带来远期利益。其次，从应试教育的角度出发，它能够带来近期利益。人们对于这两方面难以进行抉择，导致出现了这一教育改革矛盾，这种矛盾可以说是远期利益与近期利益之间的矛盾。

2. 基础教育的导向未变

在我国的基础教育导向方面，依旧是以升学为目的，并且无论是在教育行政机构方面，还是在学校方面，对于教育成功与否的评价标准仍然是升学率。在高校及学生方面，高校的扩招直接加剧了学生的就业压力，导致高校与学生更加注重各种实用技能的培养与学习，进而导致中华传统文化方面相关课程的学习没有得到充分的重视，最终培养出来的学生对中华传统文化缺乏基本认识和理解。

（二）对传统文化课程的重视不够

目前，高校传统文化教育中存在着诸多问题，高校忽视传统文化的原因有以下几种。

首先，是"急功近利思想"的影响。由于学校将学生的就业率放在了中心位置，直接影响了高校专业课程的设置，使之偏重于易就业的专业，长此以往对于思想素质教育意识就愈发淡化。

其次，高校在传统文化对高校思想政治教育所能产生的作用和意义上没能正确评估，缺乏传统文化具有重要价值的意识，更别说意识到将高校思想政治教育与传统文化进行渗透融合。众多高校只是简单地将传统文化置于普通课程之中，没有进行过多的关注。

最后，部分理工类院校存在着课程设置不平衡的问题，具有重理轻文的倾向。一方面，在学科建设上，注重培养技术型人才，各理工类院校均存在着不同层次的对于人文社科类的忽视。这种现象在短期内难以改变，尽管一些高校加强了传统文化教育，但收效甚微。

（三）应试体制与学生心理的双重约束

关于传统文化的继承和发扬，应该存在于学生教育的各个阶段，是一个循序渐进且长久的过程，不能急于求成。在教学体制的影响下，无论是高校还是学生，均过于注重就业率，教师在这一过程之中就过于偏重专业技能的传授，而学生在课下之余也很少有时间能够涉猎传统文化知识。高校学生几乎将全部精力置于就业的竞争上，专注于各种专业的学习，积极备考各种职业证书，加上高校方面对于传统文化的忽视，几乎没有开设相关课程，即使开设了课程，但是由于高校学生没有重视传统文化这方面的意识，导致其成效也是比较低的，种种现状与原因的存在对高校学生接受和践行传统文化产生了不良影响。

另外还需要引起重视的是，近年来一些低俗文化的流行对于高校学生产生的影响。低俗文化不仅缺乏现代人文精神，还在传统文化底蕴方面相当匮乏；另外，低俗文化不仅违背了现代先进文化的走向，还污染了民族传统文化。低俗文化导致高校学生信仰迷失、行为失范。在当前的时代背景下，高校中独生子女所占的比例从整体上讲还是很高的，学生本就处于不成熟的状态，这种情况使学生心理脆弱、承受能力低的特点更加明显。

"灌输"是一种在思想政治教育方面重要的方法，但这并不是一种简单的灌输，在思想政治教育方面不能单单从教育者的角度出发，如果不能重视学生的实际需要，不仅会削减学生的学习动力和兴趣，长此以往，还会导致学生产生厌学情绪，最终阻碍思想政治教育的开展。

（四）部分教师对马克思主义基本理论理解不充分

关于中华优秀传统文化，将其融入高校思想政治教育时，要求教师具有三个方面的素养：第一，要具有丰富的传统文化知识；第二，在马克思主义基本理论方面，要做到科学准确地掌握，不仅包括其中的基本概念，还包括基本原理；第三，在透彻了解马克思主义基本理论的基础上灵活分析现实问题。

从当前高校思想政治教育队伍的现状来看，"80后"教师占有相当大的比重，表现出当前教师队伍的年轻化，其中存在的问题主要表现在年轻教师自身的素养上：一方面，不仅在自身知识储备方面，还包括生活阅历等方面，他们均存在着相对不足的状况；另一方面，他们还没有深入理解马克思主义理论，对于马克思主义基本理论的运用，还无法实现真正意义上的掌握。

在将传统文化方面的内容融入高校思想政治教育的过程中，将马克思主义的理论灵活运用于传统文化，可以对其起到甄别作用，还可以通过方法论来解决融入过程中存在的问题，由于青年教师自身对马克思主义的认识上存在短板，导致传统文化和思想政治教育相融合时产生不良影响。在融合的进程之中，马克思主义的中国化对于教师提出了相应要求，这些要求是摆放于青年教师面前的课题，是需要不断进行探索发现的时代课题。

二、市场经济高速发展带来的影响

随着社会主义市场经济体制的确立以及经济的发展，当代高校学生面临的竞争将会越来越激烈，为了迎接挑战，高校学生逐渐进行有选择的学习，减少学习选修课内容的时间，或是根本不学。在高校的选修课堂上，部分学生会选择学习英语或是其他考证资料。高校学生的竞争不仅仅表现在就业上，在高校之内也还存在着种种竞争，诸如竞选学生会、入党等方面。总而言之，高校学生不管是在学习中还是在日常生活中，他们的时间已经被安排得满满当当的，几乎没有时间进行传统文化的研习，那么即使高校在传统文化方面课程的设置上用尽心思，最后全部努力或将付之东流。

三、思想观念变化与传统文化教育边缘化

受社会综合环境因素的影响，人们的思想观念也产生了变化，当前关于价值观更多倾向于实用化，主要内容就是将判断价值的标准建立在是否能够有效地带来最大的利益之上。这种现象的存在不仅会造成艰苦奋斗精神的缺失，还会在理想上不断弱化人们的观念，淡化人的社会责任感和诚信意识，最终导致根植于高校中的传统文化教育产生动摇。从高校自身出发，对于传统文化在教育功能和人文精髓方面不仅存在认识缺乏的问题，还存在缺乏明确有力的指导问题。这些问题的存在很大程度上导致优秀传统文化教育逐渐走向边缘化。该问题已经发展得越来越明显。这一问题使得高校学生这一群体在价值观、人生观方面，均发生了不同程度上的偏差。部分学者已经意识到问题的严重性，但是由于受诸多主客观因素的制约，使得优秀传统文化教育没有得到足够的重视；在教育制度方面，很多高校也没有设置可以顺利开展传统文化教育的制度。以上现状说明，不良思想对于高校学生思想政治教育都是不小的冲击。

四、互联网与传统文化教育软环境的不足

当前我国已进入互联网时代，互联网在推动经济发展的同时，更是带来了机遇和挑战。很多高校学生喜欢通过互联网来进行学习与交流，作为一种全新的文化环境，互联网本身不具有文化辨别性，那么就导致在传播优质文化和提供便利的同时，也出现了违背社会文明的异质文化，这些不良文化的传播为高校学生带来了不良影响。面对互联网文化的现状，不能对其进行全面否定，若是能够正确借助网络力量，通过中华优秀传统文化的内容来建设优良网络软环境，加强校园网络净化工程，将会给高校学生传统文化教育注入清泉活水，使之能够焕发新的活力。

五、大学生对中华优秀传统文化的认同不足

大学时期是学生思想道德品质的塑造和价值观念形成和完善的重要阶段，大学生充满好奇心，热衷于探索新鲜事物，不断追求自我成长与突破。在思想认知方面，大学生们拥有活跃的思维和强烈的求知欲，他们渴望深入了解世界的本质

和运行规律；在社会行为上，大学生们也表现出一定的独立性和责任感，他们积极参与各类社会实践和公益活动，努力为社会作出贡献。中华优秀传统文化作为中华民族的瑰宝，蕴含着丰富的智慧和价值观念，对于大学生的成长和发展具有重要意义，当代大学生对于中华优秀传统文化也普遍持有肯定态度，这是一个好的趋势。然而，在当今多元化价值观的冲击下，大学生很容易受到西方文化或其他非主流观念的影响，从而导致他们对中华优秀传统文化的认同感逐渐减弱。这种认同感的降低可能会影响到大学生的文化自信和价值取向，进而影响到他们的人生观和世界观的完善。

（一）认知方面存在的不足

在对中华优秀传统文化的认知方面，大学生群体展现出良好的态势。他们普遍认同中华优秀传统文化对其个人的成长发展具有深远的正向意义。作为中华优秀传统文化思想精髓的重要载体，经典著作无疑具有至关重要的作用。然而，当前大多数大学生的经典著作阅读量都很少，并且在阅读时更倾向于选择简化的版本，因此他们未能全面、深入地领会其中的思想精髓。为了更好地弘扬中华优秀传统文化、传承其价值观，鼓励学生深入阅读经典著作显得尤为关键。

同时，大学生群体中，对中华优秀传统文化进行戏说、恶搞、篡改等不良现象屡见不鲜，这些行为主要表现在对文艺作品的随意翻拍、对历史文化的扭曲以及娱乐化认知等方面。为了更深入地理解中华优秀传统文化的思想内涵，大学生在引述古典诗词时，应当全面、完整地呈现原文，而不能断章取义地根据自己的片面理解进行部分引用。例如，对于"父母在，不远游"这句话，大部分学生仅关注前半句，却忽略了后半句"游必有方"所蕴含的深意。因此，在传承与发展中华优秀传统文化的过程中，我们应加强大学生的认知教育，引导他们全面、深入地理解中华优秀传统文化的思想内涵，以实现文化传承与发展的良性循环。

（二）情感方面存在的不足

在对中华优秀传统文化进行深入了解后，大学生们得以形成系统而深刻的认知体系，这种认知可被视为知识认同的重要体现。在此过程中，他们会对我国优良传统文化产生深厚的热爱之情，同时也对中华优秀传统文化进行充分认可与接纳。这一系列认知与情感表达，共同构成了大学生对中华优秀传统文化的情感认同。总体来说，大学生对中华优秀传统文化的情感认同，为传统文化的传承与发展注入了强大的活力。然而，值得注意的是，也有部分学生在面对中华优秀传统文化时，表现出一定程度的抵触，他们或对其持排斥态度，或对其不屑一顾，这无疑会对传统文化的传承与发展造成潜在的负面影响。

（三）实践方面存在的不足

在继承中华优秀传统文化的过程中，高校学生具备较高的理论素养，但在实际运用方面尚待提升。部分大学生在日常生活中未能充分展现传统文化精神，如过分关注个人形象，盲目追求名牌，甚至出现铺张浪费现象。在道德层面，部分学生在考试和求职过程中暴露出诚信缺失的问题，未能真正践行"诚实"的原则。此外，在传承中华优秀传统文化的过程中，部分学生表现出过于关注实用主义的情况，学习思想政治理论内容仅为应付老师或获得学分，没有真正对思想政治教育提起兴趣，以致未能达到思政教育的目标。为解决上述问题，高校应对中华优秀传统文化的教育指导更加重视，强调理论联系实际，积极培养学生的正确价值观、消费观和道德观。在此基础上，还应开展诚信教育，使其成为学生的行为准则。同时，强化对中华优秀传统文化的情感认同和行为践行，以促进大学生全面发展。

第三节 对现有研究的反思与批判

在社会主义现代化和马克思主义中国化的进程中，将中华传统优秀文化与马克思主义有机结合是有效促进马克思主义中国化进程深入推进的重要途径，将中华传统优秀文化融入高校思想政治教育中，也体现着我国对马克思主义中国化的实践。

有些人将思想政治教育视为马克思主义理论教育，而将传统文化视为次要或被边缘化的部分，认为其与思想政治教育的关系并不密切。在党的十八大报告里，明确指出要建立一个优秀传统文化继承体系，并强调弘扬中华优秀传统文化的重要性。在当前教育改革深化的背景下，将优秀传统文化教育与社会主义核心价值观教育进行有机融合，已经变成了一项至关重要的任务。教育部发布的《完善中华优秀传统文化教育指导纲要》进一步强调了要将思想政治教育与中华优秀传统文化教育紧密融合。在文化自觉、自信和自强的新背景下，"国学热"和"儒学热"迅速崛起，这为思想政治教育带来了新的机会和考验。在思想政治教育中，如何准确地认识、理解并将传统文化融入思想政治教育中，是一个亟待解决的重要问题。

一、基于"何以必要"提出的反思与批判

首先要明确的是，"何以必要"这一问题，其实是由传统文化的自身困境所引发的。"新文化运动"和"五四运动"中出现了一些特殊的逻辑，即人们思考怎样才能将旧文化或与社会不适应的文化融入当下的思政教育中。事实上，随着社会和经济的不断发展，东亚的文化在第二次世界大战结束后已经进入了一个高度现代化的阶段。自改革开放政策实行以来，中国的经济和社会得到了迅猛发展，这也充分证明了中华优秀传统文化具有强大的内在活力和向现代化转变的可能性。

其次，"何以必要"这一问题主要存在于马克思主义与传统文化之间的关系中。近代中国面临民族灭亡这一紧要关头时，经过曲折救国历程证明，只有共产党坚持以马克思主义为核心思想，才能救中国，才能改变旧时代中国的贫弱状态，并引导人民走向民族复兴的道路。在当时，提倡"内圣外王"与"修齐治平"的儒家思想明显达不到这种预期效果。那是不是就说明坚持马克思主义就意味着能够抛弃中华传统文化？事实上，马克思主义这一指导中国革命与建设走向胜利的学说，一直都是不断演进着的科学理论体系，是继承了从"孔夫子到孙中山"珍贵遗产的科学理论。在社会主义的革命、建设和改革开放的漫长历程中，中国共产党人始终是中华优秀传统文化的忠实传承者和推广者。中华优秀传统文化为马克思主义的中国化提供了源源不断的资源。

最后，"何以必要"这一问题缘于当前学校思想政治教育的实际教学活动。在高校思政教育实践中，尽管经常强调将优秀传统文化融入思政理论课程中，但在具体的教学实践中，两者并没有得到广泛和深入结合。甚至还会出现部分思政教师对于传统文化的了解并不深入，并未意识到传统文化是中国特色社会主义教育的核心部分，这也使得他们难以解释优秀传统文化对于实现民族复兴与中国梦

具有至关重要的作用。就思想政治理论课程教学内容而言，仍需对传统文化背景中潜藏的思想政治教育资源进一步发掘与充实。从思想政治理论课教师角度分析，一些教师需要利用更多时间与精力去积累传统文化知识，优化相关知识结构。要让中国马克思主义理论成果广泛传播下去，师生双方都应该具备强大的文化自觉与自信。所以在谋求民族复兴之路上，把优秀传统文化融入思想政治教育显得越来越重要与迫切。

二、基于"何为灵魂"提出的反思与批判

文化是构成一个民族精神家园的重要组成部分，当代中国的思想文化就是对中国传统思想文化的传承与发展。当今世界正处于百年未有之大变局，在世界多极化、经济全球化与社会不断转型的时代背景下，中国社会也出现了各种思想文化相互交流碰撞的局面。中国传统文化实际上就是一种多元文化的综合体，它综合了儒释道三家主流文化，并且在这三种主流文化中，儒家文化长期占据主导地位。针对儒家文化而言，儒学的发展过程已经经历了多个阶段，分别是先秦儒学、汉代儒学、宋明儒学、现代新儒学。近年来，理论界活跃度极高，出现了道德儒学、哲学儒学、制度儒学、宗教儒学、政治儒学以及生活儒学等多种儒学形式。在如此复杂且多样化的背景下，如何确定文化的发展路径以及何为先进文化成为一个待解的问题。这个问题从不同层面来看，有着不同的解释。从根本方向来看，这个问题是指建设文化强国的方向性与旗帜性问题，也就是选择什么样的理论与思想统领问题。从传统文化融入思想政治教育实践中来看，这一问题就是"何为灵魂"的问题。这里所说的灵魂问题涉及指导思想和理论基础，也就是统领地位的问题。

党的十八大报告明确把社会主义核心价值体系作为"兴国之魂"，明确提出中国特色社会主义今后发展方向要靠社会主义核心价值体系决定。从这个角度看，社会主义核心价值体系在我们党引导人民持续前行的道路上，不仅是为我们的前行指引了方向，也是建设社会主义现代化强国共同的思想基石，更是我国社会主义制度的"内在精神之魂"。可以说，明确了社会主义核心价值体系作为"兴国之魂"的核心地位之后，就更清楚地看到了在将优秀传统文化融入思想政治教育过程之中，哪一部分是真正的"主心骨"，哪一部分是真正的思想引领者。在纪

念孔子诞辰2565周年国际学术研讨会上的讲话中，习近平总书记有一段关于"文明""文化"与"灵魂"的经典论述，"文明特别是思想文化是一个国家、一个民族的灵魂。无论哪一个国家、哪一个民族，如果不珍惜自己的思想文化，丢掉了思想文化这个灵魂，这个国家、这个民族是立不起来的"[1]。这里所说的国家和民族的灵魂是就文化母体、思想渊源、民族精神的意义而言的，对于我国而言就是指中华文明，而不是特指"兴国之魂"——社会主义核心价值体系。

"灵魂"这一隐喻指的是起关键作用与主导作用的核心因素，不仅可以指与物质和制度层面相对的精神世界和思想文化，还可以指在多元文化发展中起到主导作用的指导思想和理论基础。因此，在将中华传统文化融入思想政治教育的理论和实践中时，我们需要深入理解与把握"何为灵魂"这一问题，也就是说，要明确区分指导思想、理论基础、文化背景和精神家园。"建设中国特色社会主义的理论根据是马克思主义，而不是传统儒学；中华优秀传统文化是马克思主义中国化和建设中国特色社会主义的文化渊源，而不是理论根据。"[2]

只有准确地回答并解决传统文化融入思想政治教育"何为灵魂"的问题，我们才能在教育和教学实践中避免可能出现的误区。随着"国学热"和"儒学热"的不断发展，思想政治教育可能会出现一种新的不平衡状态，即传统文化教育从被忽视、淡化到被重视和加强，从而对马克思主义理论体系教育产生影响。将中华传统文化融入思想政治教育中，并不意味着我们可以通过传统文化教育来改变马克思主义的教育方式或削弱其重要性。只有将两者结合起来才有价值。要真正理解传统文化在思想政治教育中的核心地位，我们必须正确理解马克思主义理论教育、社会主义核心价值观教育与中华传统文化教育之间的紧密联系，并确保传统文化教育与马克思主义理论教育相辅相成。

三、基于"何以转型"提出的反思与批判

中华民族的价值观和民族精神始终深深植根于优秀传统文化之中；在中华民族的复兴历程中，优秀传统文化的复兴和繁荣发展是不可或缺的重要因素。而文

---

[1] 习近平.在纪念孔子诞辰2565周年国际学术研讨会暨国际儒学联合会第五届会员大会开幕会上的讲话[N].人民日报，2014-09-25（2）.
[2] 杨瑞森.关于正确对待和评价中华传统文化的两个认识问题[J].思想理论教育导刊，2015（5）：33-36.

化传统并非仅仅滞留于博物馆的陈列品和图书馆的线装书之间，它还存在于今人和未来人的实践当中，并在这种实践中不断改变自己。显然，传统文化是无法自我革新的，这就要求现代社会和未来的人们必须通过传承和创新来推动传统文化的持续发展和变革。因此，当我们面对传统文化的继承和创新时，有必要更深入地将传统文化的创新性转变和发展明确为"何以转型"的问题。

当我们将传统文化融入思想政治教育时，我们必须认识到，这不仅仅是简单地将传统文化融入思政课教学中，更不是简单地将思想政治的理论教育转化为普及传统文化知识的课程，也不只是简单地将中华优秀传统文化作为思想政治教育的注释。在思想政治理论课程教学中，简单地继承和引用传统文化的某些词汇和概念，或者简单地将古代文献中的描述与现代理论进行比较和匹配，都是将传统文化融入思想政治理论课的一种最低级的途径。单纯地对传统文化进行现代化的简单包装，并用全新的视角来展示那些过时的元素是不够的。更为重要的是，我们需要激发这些传统文化的内在活力，并充分利用其巨大的影响力和吸引力。

在现代社会中，当我们试图平衡传统文化的继承与创新关系时，当今社会更倾向于强调创新性的转变和发展。这意味着我们需要根据时代的发展特点和需求，不断地更新和进步。在更新发展的过程中，要以新的发展和进步为导向，积极改造那些陈旧的内容与形式，为其赋予一个全新的面貌，并对人类文明的永恒价值进行进一步的拓展和提升。因此，当我们在思想政治教育中融合传统文化时，这也意味着传统文化自身正在经历现实的转变。在学校的思想政治教育实践中，传统文化"何以转型"这一基本问题，可以从两个角度进行探讨。一是面向现代社会的转型，从这一角度来看，要积极对传统文化进行创新，从而使其具备新的时代内涵与现代形态。二是面向马克思主义教育的转型，在这一转型过程中，应该积极保留传统文化中的精华部分，舍去不好的部分，使得传统文化能为社会主义核心价值体系提供思想资源，进而推动马克思主义理论与中华传统文化的密切结合。

例如全面建成小康社会中的"小康"一词，很容易使人联想起《礼记·礼运》中关于"小康"的表述。所谓面向马克思主义的现代转型，就是赋予"小康"全新的时代内容，以"小康"更加准确地定位当代中国经济社会发展的奋斗目标，蕴含着经济健康发展、民主不断完善、精神文化实力显著增强、人民生活水平全面提高、生态文明建设成效显著等一系列明确的要求。"小康"这一概念来源于中华传统文化之中，它伴随着中华民族伟大复兴历程不断演进，使马克思主义社会发展理论更加中国化、大众化。面向现代社会的转型就是面向马克思主义教育的转型，两者在内容上有着交叉的关系，并且统一于中华传统文化融入思想政治理论的教学实践中。两者唯一不同的是，它们面向的维度不同，面向现代社会的转型主要是侧重时间维度，而面向马克思主义教育的转型主要侧重于学科教育领域，在某种意义上具有空间维度。

总而言之，在思想政治教育中融入传统文化十分必要。面向现代社会的转型就是面向马克思主义教育的转型，也就是说，要在思想政治教育中融入传统文化，这一做法既要符合现代社会的要求，又要根据思想政治教育理论课的教学内容进行相应调整。可见，这一做法既能有效弘扬优秀传统文化，又能丰富思想政治教育内容，此外还能回答传统文化融入思想政治教育中"何以必要"的问题。而坚定不移地以马克思主义为指导，把传统文化教育和社会主义核心价值观结合起来，是对传统文化融入思想政治教育"何以灵魂"问题作出回答；而处理好继承与创新的关系，将传统文化与时代精神相结合，从而实现传统文化的创造性转化与创新性发展，这一做法回答了传统文化融入思想政治教育中"何以转型"的问题。这三大核心问题，从整体上阐述了中华传统文化融入现代思想政治教育的必要性和紧迫性，厘清上述问题，是高校开展思想政治教育与教学改革的迫切需要。

第四章　高校思想政治教育与传统文化融合的目标范式

文化是民族的血脉，是人民的精神家园，习近平总书记强调："不忘本来才能开辟未来，善于继承才能更好创新。"① 正因如此，我们才要"把中华优秀传统文化全方位融入思想政治教育、文化知识教育、艺术体育教育、社会实践教育各环节"②。2023 年 6 月 2 日，习近平在出席文化传承发展座谈会上指出："中华优秀传统文化有很多重要元素，共同塑造出中华文明的突出特性"③，而这些重要元素与思想政治教育之间存在着某些内在关联，是实现两者高度融合的重要前提。两者在价值维度、内容维度、方法维度即教育目标、教育内容、教育方法上有相似相通之处，从而使两者的互通互融建立在坚实的基础上。

本章主要阐述高校思想政治教育与传统文化融合的目标范式，依次介绍了理念融合：传统文化的价值渗透与思想政治教育目标的统一；内容融合：传统文化丰富思想政治教育的内涵与外延；方法融合：传统文化的教育方法与现代思想政治教育手段的结合这三个方面的内容。

---

① 中共中央宣传部.习近平总书记系列重要讲话读本（2016 年版）[M].北京：人民出版社，2016：202.
② 中共中央办公厅国务院办公厅印发《关于实施中华优秀传统文化传承发展工程的意见》[EB/OL].中华人民共和国中央人民政府网，（2017-01-25）[2023-10-30].https://www.gov.en/zhenge/2017-01/25/content_5163472.htm?gs_ws=tsina_636322544175816130&wd=&eqid=f7b67ff10001e5d00000000464599f4.
③ 习近平在文化传承发展座谈会上强调担负起新的文化使命努力建设中华民族现代文明 [N].人民日报，2023-06-03（01）.

第一节　理念融合：传统文化的价值渗透与思想政治教育目标的统一

"传统文化"是一个有着丰富内涵和传承性的系统，它既包含独特的语言、文字，也包含独特的思想、习俗、伦理，并且在历史发展的长河中，不断被人们继承并弘扬。中华传统文化是以汉语与汉字为载体，并以其特有的载体形式，在华夏大地上，对世世代代中国人民在生产实践中所积累的智慧进行了总结、提炼和传递。中华优秀传统文化具有丰富的内涵，与高校思政教育目标不谋而合，可为高校思政教育提供丰富的内容资源，提升思政教育深度。

一、高校思想政治教育目标

（一）有理想信念

理想信念不仅是国家和民族的精神支柱，同时也是连接国家与民族生命力、凝聚力的灵魂与纽带。在新的时代背景下，高校思想政治教育目标是"有理想信念"，这一目标是在"有理想"的基础上提出的，之所以在这一基础上提出，是因为要将信念对理想坚信程度与践行程度的支撑作用凸显出来，从而突出信念在促进人民团结和集结斗志方面的核心作用。

更具体地讲，"有理想信念"是指首先引导学生牢固树立共产主义远大理想、中国特色社会主义共同理想，正确认识与处理远大理想与共同理想的关系，科学认识共同理想的过渡性所引发的阶段性、局部性社会问题本质，这不仅可以坚定学生的共产主义信念，而且还能增强对中国特色社会主义共同理想的自信，积极投身于建设有中国特色的社会主义伟大事业中。其次，要引导学生树立个人成长、成才的坚定信念。个人是否有理想，信念是否坚定，往往是决定个人成就大小的关键因素。大学生目前正处在世界观、人生观、价值观形成的关键阶段，是国家建设与发展的宝贵人才资源。他们能否坚持自己的抱负和报效祖国的信念，不仅是有关学生个体生命价值的展现，也关系着社会能否持续健康地发展和现代化进程能否取得成功。最后，还要引导学生树立个人理想与社会理想相统一的信念。通过指导学生正确认识个人理想和社会理想的内在联系，尤其是在社会主义国家背景下，人民根本利益一致的情况下，更要认识到个人理想与社会理想的深刻统一性，从而使得学生既不会动摇实现社会理想信念，又不会降低实现个人理想的积极性，进而主动寻求个人理想和社会理想有效衔接的路径与方式。

（二）有核心价值

目前，我国正在经历改革和发展的关键阶段，这一阶段出现了环境开放、利益分化以及社会信息化等变化，这些变化引发了价值观念冲突与迷失价值观念等现象的出现。因此，这一时期的主要问题就是能否为广大社会成员确立一个可以使其广泛接受并认同的核心价值。只有解决了这一问题，才能更好地维护社会稳定和良性发展，才能使得个人更加健康地成长。因此，在新的时代背景下，高校的思想政治教育目标应当将"有核心价值"纳入其独特的教育内涵之中。这里提到的"核心价值"是指在党的十八大上提出的"三个倡导"，即"倡导富强、民主、文明、和谐；倡导自由、平等、正义、法治；倡导爱国、敬业、诚信、友善"。这些"倡导"从不同的层面提出了不同的思政教育目标内涵，分别从国家、社会和个人三个层面上进行了阐释。从诚信、友善等基础性价值到富强、民主等理想性价值，各种价值都为大学生的思想政治教育和培养明确了价值边界。在"有核心价值"的理念引导下，高校思想政治教育应当遵循社会主义核心价值观的层次性规律，将"有核心价值"的个体与"有核心价值"的社会、国家相统一，从而引导学生正确认识自己与国家、社会的关系，确保社会主义核心价值观真正融入每一代大学生的精神和行为中，做到内化于心、外化于行，为他们投身国家建设、实现个人价值打下坚实的思想基础。

（三）有中国精神

如果缺乏精神力量的支持，那么个人也将会失去生活的意义与前进的动力。在当代中国的社会背景下，"中国精神"融合了以爱国主义为核心的民族精神和以改革创新为核心的时代精神，它不仅是民族精神传统与现代民众形象的综合体现，同时也是形成社会共识的关键精神连接。

将"中国精神"融入高校思想政治教育目标的内涵之中，无疑是深化了高校思想政治教育目标的内涵结构。这意味着在新时代我国高校思想政治教育不仅需要为学生提供科学的价值规范和尺度，还需要给予他们强大的精神推动力。"有中国精神"主要包括三方面的含义：第一，它倡导要理性爱国，反对极端的民族主义情绪，并引导学生弘扬以爱国主义为核心的民族精神，同时正确处理爱党、爱国、爱社会主义与爱人民之间的关系。第二，它倡导崇高的理想信念，抵制消极守旧等不良思想，帮助学生树立正确的价值观和人生观。引导学生积极弘扬以改革创新为核心的时代精神，增强他们的创新意识，提高创新能力，努力成为社会主义现代化建设所需的顶尖创新人才。第三，它倡导将民族精神与时代精神相统一，为现代大学生构建一个共同的精神家园。民族精神与时代精神是密切相关的，民族精神是时代精神的集中体现。只有当民族精神能真实地体现时代精神时，这个民族才能始终站在时代前沿。只有当时代精神与民族精神紧密相连时，才能成为推进民族发展前进的动力。将弘扬民族精神和时代精神融为一体，不仅要引导学生坚守民族立场、维护民族尊严、增强民族自信和自豪感，还要鼓励他们培养国际化的视野，拥有开阔的心胸，积极吸收全人类的优秀文明成就，为提高创新能力奠定坚实的基础。

（四）有能力素养

关于高校思想政治教育目标的制订，应涉及多个方面。首先，需要符合政党的执政理念与政治制度，只有这样，制订的目标才能符合现实社会的基础伦理道德规范的要求。其次，目标的制订还要与大学生群体自身的生存与发展相联系，也就是说要与学生的能力素养相联系，这是因为能力素养是维系大学生自身生存与发展的内在基础。此外，现代社会与以前社会的经济发展重点不相同，过去社会主要依靠物质、资本等生产要素促进经济增长，而现代社会更注重知识运营、知识产业及知识经济对社会进步的引领作用。可见，人的能力素养是构成知识结构与知识创造的关键基础。所以，能力素养水平在某种程度上成为当今时代社会发展中举足轻重的因素。

鉴于上述因素，"有能力素养"应是新时代高校思想政治教育培养目标中的一个关键组成部分。更明确地说，"有能力素养"意味着既要"有道德素养"，又要"有文化素养"。其中，道德素养是文化素养的尺度规范，而文化素养则是道德素养的知识和技能的支撑，二者不可偏废。"有道德素养"不仅是要对中华民族传统美德进行继承和弘扬，还要将这些道德要求转化为自觉的道德行为，从而实现传统美德与时代要求、道德知识与道德实践的有机融合。"有文化素养"就是通过学习和掌握社会主义先进文化、中华传统文化以及其他所有人类文明的优秀成果，并具有分析和识别各种文化特性及其优点的能力，促进不同文化之间的对话和融合，维护社会主义先进文化的主导地位，实现知识的增长和能力的提升。

总体来看，"有理想信念"是根本，表征方向性内涵；"有核心价值"是枢纽，表征规范性内涵；"有中国精神"是动力，表征支撑性内涵；"有能力素养"是保障，表征主体性内涵。四个方面相互联系、相辅相成，共同构成了新时代高校思想政治教育目标的具体内涵。

二、中华传统文化的价值意蕴

中华传统文化注重血亲人伦、修身养德与道德理性，其核心思想有恕、忠、孝、悌、勇、仁、义、礼、智、信等。许多思想观念深刻地体现着民族特性，逐步形成代代相传的价值体系。中华传统文化不仅为中华民族创造了许多宝贵的精神特质和价值追求，同时也为当前强调国家治理与社会教化相结合的核心价值观赋予了独特的精神价值。为了增强民族凝聚力与民族自信心，我们需要深入学习五千多年的文化精髓和民族智慧，从中汲取经验，使这些经验能为中国特色社会主义理论体系在道路自信、理论自信、制度自信和文化自信等方面作出贡献。

价值观是人类在认知和改造自然与社会过程中形成的核心价值观念，具有鲜明的民族特色。由于各民族的自然条件和发展历程存在差异，他们所秉持的核心价值观也各具特色。中华传统文化作为社会核心价值观的重要来源，蕴含着丰富的社会理念与社会道德伦理规范，深藏着丰富的思想道德资源，中华民族独特的民族精神和传统道德是社会主义核心价值观的精髓，核心价值观的塑造离不开我国传统文化的深厚文化底蕴。在对高校学生开展社会主义核心价值观的思政教育时，借助历史文化的精华能够有效提高教育成效。习近平总书记强调，国家治理体系与历史传承、文化传统及经济社会发展水平密切相关。我们必须充分发挥中华优秀传统文化的育人作用，在此基础上大力学习和弘扬社会主义核心价值观，为实现国家治理体系和治理能力现代化作出贡献。我国的社会主义核心价值观体系在中华优秀传统文化的滋养下得以不断完善，其既是对我国优秀传统文化的有效继承方式和呈现途径，也是广大中华儿女的崇高理想和美好期盼的载体。要不断继承和弘扬社会主义核心价值观，就要不断提高人们的文化认同感，这一过程需要我们保持高度的文化自信，深入挖掘传统文化的现代价值，为推动社会主义文化繁荣发展作出积极贡献。

三、中华优秀传统文化的价值渗透

（一）中华优秀传统文化与社会主义核心价值观相互依存

价值和文化往往相互依存，文化可以为价值提供载体，而价值又反映出了文化内涵，成为它的深层内核。中华优秀传统文化与社会主义核心价值观相互依存。社会主义核心价值观是当代中国精神的体现，其中包含的富强、民主、文明、和谐、自由、平等、公正、法治、爱国、敬业、诚信、友善都是从5000多年的中华文明中高度凝练出来的。

富强、民主、文明、和谐是中国人民梦寐以求的美好愿望，是国家昌盛、人民幸福安康的基础，也是在社会建设领域的价值诉求。几千年来，传统文化中就有对美好社会的强烈期待，《诗经·大雅·民劳》里曾用"民亦劳止，汔可小康"来描绘老百姓安宁福乐的生活状态，"小康"一词也由此成为新时代"两个一百年"奋斗目标里"全面建成小康社会"的历史来源。

自由、平等、公正、法治是从社会层面对核心价值观的高度凝练，它体现着中国特色社会主义的基本属性。在中华传统文化中，对法治、公正、平等的论述就非常多，如春秋战国时期的法家就提倡"以法治国"，其代表人物韩非子就在《韩非子·饰邪》中论述了"以道为常，以法为本"的基本观点，而在《韩非子·大体》中他又将"因道全法"作为"以法为本"的根本和补充。韩非子认为法以道为基础，这里的"道"主要是指宇宙发展的客观规律，是支配万事万物的自然法则。道在天，支配宇宙运行；法在地，调控着人类社会的发展规则。这些传统文化中的有益思想对新时代我国政治思想和政治制度的建构具有重要的启迪意义。

爱国、敬业、诚信、友善，这是从个人行为层面对公民道德规范的要求，也是新时代每个公民都需要恪守的基本道德准则。它时刻提醒着人们要相互尊重、互相关心、互相帮助、友好和睦，在职业道德领域要恪尽职守、尽职尽责。在传统文化中，关于"老百姓该怎么做"的话题一直存在，这涉及"修身、修德、修行"

的问题。在传统文化中,"君子"作为一种理想化的人格存在,是人们一生立言、立行、立德的模本,是对有德之人的简称。在儒、法、道等诸子百家中都有对"如何为君子"的论述,如孔子就提到君子要怀"仁德";孟子提出君子有"三乐",实际是做人的三种道德规范。

(二)中华优秀传统文化与思想政治教育的育人功能相结合

党的十八大以来,习近平总书记对中华优秀传统文化提出了新的要求,他强调要推动中华优秀传统文化创造性转化和创新性发展。这里的"新"不仅仅是对理论的"新"宣讲,而且要更注重宣讲的手段、媒介和方式,要用年轻人最能接受、最接地气的语言去讲。比如,大型历史文化科普节目《上新了·故宫》就很好地诠释了这点。故宫是中华优秀传统文化最具象征性的代表,然而很多人可能只感兴趣于其中的宫闱秘闻,而对整座宫殿所体现出来的建筑、历史、文化少有关注。而《上新了·故宫》以年轻人的视角,将故宫中最优秀的建筑、科技,包括中国传统哲学以综艺性纪录片的形式展示出来,语言诙谐幽默,以年轻人喜欢的明星、文化名人作为探究者,给观众以沉浸式的体验和观感,如在讲乾清宫的"江山社稷金殿"时,以康熙皇帝对水稻的栽培作为切入点,讲述了中国最早的"天气预报"——《晴雨录》,康熙创新栽培的"一年多熟"御稻米等,这种呈现方式和传统的"一景一讲"不同,它用历史再现、情境再现的沉浸式体验让观众能够身临其中,增强了文化的积淀性、趣味性、可读性和可观性,尤其是通过对"江山社稷金殿"的诠释,可以从思想政治教育的视角引出古代以民为本、重视农桑、以民为重的治国理念,同时也可以接着引出新时代中国特色社会主义的"以人民群众为中心"的理念。

可以说,在优秀传统文化的创造性转化和创新性发展上,思想政治教育的育人功能可以与博大精深的文化文明发展相结合,尤其在新时代,传统文化可以为思想政治教育赋能,增强历史感。

(三)中华优秀传统文化与坚定文化自信、建设文化强国相统一

党的十八大以来,习近平总书记曾在多个场合提出实现中华民族伟大复兴需要坚定的"四个自信",他强调:"全党要更加自觉地增强道路自信、理论自信、制度自信、文化自信。道路自信是对发展方向和未来命运的自信,坚持道路自信

就是要坚定走中国特色社会主义道路，这是实现社会主义现代化的必由之路。理论自信是对马克思主义理论特别是中国特色社会主义理论体系的科学性、真理性的自信。制度自信是对中国特色社会主义制度具有制度优势的自信。文化自信是对中国特色社会主义文化先进性的自信。"[1]

"四个自信"中，文化自信是最深层的、富含历史积淀的自信，它是新时代建设中国特色社会主义文化新体系的坚实基础，更是中国在全球化的浪潮中屹立于世界民族之林的精神支撑。习近平总书记曾多次阐释文化自信的重要意义，他说文化自信是中华文化得以持久发展的根本，文化是"魂"，丢掉了思想文化这个魂，这个民族和国家是立不起来的。坚持文化自信，是坚持道路、理论、制度自信的题中应有之义，这是一种更持久、更深厚、更基础的自信，是新时代中国特色社会主义文化理念的重要指导。

文化自信为思想政治教育提供了"底气"和精神力量。"底气"来自对事理、道理的明了，它的形成表现在心理和文化的双重意蕴中。从微观层面看，文化自信为思想政治教育者和被教育者提供了一种双向互动、心理认同的基础，思想政治教育的主题是"育人"，而从个体人的微观层面看，成效、经验和言说与情感等角度都是育人能否取得成功的关键。中华传统文化中的优秀资源为育人提供了"底气"。比如，"先天下之忧而忧"的爱国情怀，"天地之性，人为贵。人之行，莫大于孝"的孝道精神，这些都可以为个体的思想政治教育提供丰厚的土壤。

文化软实力相较于城市建设、经济发展、科技实力等硬实力来说，是一种潜在的、核心的竞争力，它是一个国家核心价值观的体现，按照历史唯物主义的基本观点，文化软实力的形式与一个国家或地区的经济基础、政治制度密不可分。在十九届五中全会上作出的《中共中央关于制定国民经济和社会发展第十四个五年规划和二〇三五年远景目标的建议》中有51处提及了"文化"，两处在关键位置上论述了"国家文化软实力"，建议明确了要推动物质文明和精神文明的发展，到2035年要建成文化强国。何以能建成文化强国？除了有必要的政策、资金和制度支持外，更重要的，是人的文化与文明素质要得到提高。经过数十年的理论和实践探索，从党的十七届六中全会明确提出"建设社会主义文化强国"的目标，

---

[1] 习近平谈治国理政（第二卷）[M]. 北京：人民出版社，2017：36.

党的十八大"扎实推进"文化强国的建设，一直到党的十九大，文化强国战略成为全民共同奋斗的目标。当今社会，国与国的竞争不仅仅是经济和科技的比拼，更深层的是文化的比拼。在党的十九届五中全会上，对文化强国的远景目标提出了一些具体的规定，如"社会文明程度得到新提高""社会主义核心价值观深入人心，人民思想道德素质、科学文化素质和身心健康素质明显提高，公共文化服务体系和文化产业体系更加健全，人民精神文化生活日益丰富，中华文化影响力进一步提升，中华民族凝聚力进一步增强"等。可以看出，这些具体的规定都可以从中华优秀传统文化中得到体现。比如，现今各地中小学乃至大学都会举办的国学诵读会、中央电视台首创的《中国诗词大会》等，都是以一种潜移默化、"润物细无声"的形式将中华文化"埋"进青年一代心中，像《中国诗词大会》里以《赠汪伦》阐释朋友之间的友善、以六尺巷的故事阐释邻里之间的友善、以《三字经》说明兄弟之间的友善、以"将相和"的故事阐释同事之间的友善，从不同角度、不同层次，让青年一代能够主动去继承中华民族与人为善的优良传统。

四、中华优秀传统文化与思想政治教育目标的统一

中华优秀传统文化与思想政治教育在培养人、塑造人的价值目标取向上有相通之处，具体表现在以下几方面。

首先，中华优秀传统文化倡导将人教化为君子，使其成为圣贤之人。中华优秀传统文化不只是教化人拥有崇高的德行与高尚的人格，它还主张能够成就"治国平天下"的大业。孔子曾讲要"修己以敬"，然后"修己以安人"，不但如此，还要"修己以安百姓"。意思就是首先要认真地修炼自己，对事物始终保持一种认真和尊重的态度，然后想办法让别人安乐，这样才能确保人民安居乐业，这才是有伟大理想的圣贤之人的人生境界。中华民族历史上很多先贤具有这样的远大理想和抱负，他们以"天下兴亡匹夫有责"为使命，范仲淹就曾发出"先天下之忧而忧，后天下之乐而乐"的呼声，谭嗣同也表达了"我自横刀向天笑，去留肝胆两昆仑"的豪情气魄。但实现人生远大理想要从自身做起，从当下做起，才能为社会、为子孙后代作出更大贡献。所以孟子说"穷则独善其身，达则兼善天下"，强调修身就要修为个人品格，追求更高的人生目标，求得张载所描绘的"为天地立心，为生民立命，为往圣继绝学，为万世开太平"。正如《礼记·大学》所云："古

之欲明明德于天下者，先治其国；欲治其国者，先齐其家；欲齐其家者，先修其身。"修为好，才能"平天下""为万世开太平"。

中华优秀传统文化在处理个人、家庭与国家的关系中，通常会将个人与天下联系在一起，并认为这两者具有一致性。家国同构，做人为君子、为圣贤，君子、圣贤在此不仅强调个人修养，更与爱国主义、天下意识息息相关。这体现了中华优秀传统文化在教化人的目标上的价值取向，即要做一个正直的人，具有强烈的责任感和使命感，能给人民群众带来幸福、肩负重大责任，这就是中华优秀传统文化的博大胸怀与进取精神。

其次，思想政治教育的目标是培养担当民族复兴大任的时代新人、德智体美劳全面发展的社会主义建设者和接班人。思想政治教育是教育工作的生命线，党的十八大以来，习近平总书记多次强调思想政治教育的重要性，他指出："育新人，就是要坚持立德树人、以文化人，建设社会主义精神文明、培育和践行社会主义核心价值观，提高人民思想觉悟、道德水准、文明素养，培育能够担当民族复兴大任的时代新人。"[①] 习近平总书记还指出："我们要培养的社会主义建设者和接班人应该具备什么样的基本素质和精神状态，应该如何培养。"[②] 关键是要做好以下几方面工作："一是要在坚定理想信念上下功夫"，"二是要在厚植爱国主义情怀上下功夫"，"三是要在加强品德修养上下功夫"，"四是要在增长知识见识上下功夫"，"五是要在培养奋斗精神上下功夫"，"六是要在增强综合素质上下功夫"[③]。换句话说，思想政治教育的价值目标是培养具有坚定理想信念的人，使他们能够用马克思主义理论的中国化时代化理论成果来武装自己。他们需要掌握马克思主义的立场、观点和方法，并对建设具有中国特色的社会主义和中华民族的伟大复兴持有坚定的信念。这样，他们就能将自己的人生理想融入国家民族的伟大事业中，实现自己的人生规划与国家民族发展的同步。在民族复兴和社会主义强国建设的大背景下，让个人的成长与发展作为这一过程的中坚力量，在实现个人的人生价值时，也肩负着让"小我"和"大我"共命运的神圣使命。因为党和人民事业发展需要一代代中国共产党人的接续奋斗，所以思想政治教育的价值目

---

① 习近平著作选读（第2卷）[M].北京：人民出版社，2023：193-194.
② 习近平著作选读（第2卷）[M].北京：人民出版社，2023：196.
③ 习近平著作选读（第2卷）[M].北京：人民出版社，2023：196-200.

标是"必须把培养社会主义建设者和接班人作为根本任务，培养一代又一代拥护中国共产党领导和我国社会主义制度、立志为中国特色社会主义奋斗终身的有用之才"。①

显然，中华优秀传统文化与思想政治教育在价值观上存在许多相似之处。它们都旨在培养国家和民族的未来领袖，都强调这些人才应该能够为历史承担重任、愿意吃苦和努力。只是他们在具体的表现上有所不同。在中华优秀传统文化中，将这些人才表述为"君子"和"圣贤"，而在现代思想政治教育中，则表述为"全面发展的接班人"和"承担民族复兴大任的时代新人"。这两种文化都强调教育的重要性，目标和使命都相似，价值观念也趋于一致。

第二节　内容融合：传统文化丰富思想政治教育的内涵与外延

中华传统文化作为高校思想政治教育中不可或缺的一部分，它不仅有助于塑造人的品格、修养和道德观念，还能够培养人的素养和才情。它还可以与马克思主义和现代化相协调。因为中华传统文化与马克思主义、社会主义及现代高等教育在一定程度上具有相通性，所以我们非常有必要把高校思想政治教育和传统中华文化融合在一起，并且这也是可行的。

高度重视思想政治教育一直是我国的优良传统，也是党的政治优势所在。从文化根源上来讲，思想政治教育确立的价值取向，来源于对中国传统思想道德资源的批判性继承。

一、中国思想教育在传承中发展

（一）中国传统思想道德教育的内涵

我国历来高度重视道德文化教育，它构成了中国教育传统的特质。中国传统思想道德文化是高等教育不可或缺的思想资源和教育资源，其内容博大精深、源远流长。

---

① 习近平著作选读（第2卷）[M].北京：人民出版社，2023：195.

1. 核心是经学教育

教育的核心精神在于传承价值观,这一点贯穿了历史上各个时期的教育。在古代社会中,推广儒家思想是统治阶级的主要目标之一,因此经学教育也成了宣传和弘扬儒家价值观的重要途径。经学是对儒家经典文献进行深入研究的学科。在古代社会中,经学是思想道德教育的主要组成部分,其中蕴含了许多符合当时统治者核心价值观的理念。比如《春秋》中强调重视国家统一、不能分裂的观念,这些内容也成为入官入仕的标准。

2. 原则是德育至上

中国历史上的各位统治者,都把儒家思想作为治国之道,并非常推崇道德至上的思想,致力于进行道德教育。儒家传统教育的主要内容包括道德和知识两方面,其中道德教育排在首位,具有更为重要的地位。孔子学派所推崇的"圣人"状态就是一种道德上非常高尚的境界,也是人们理想中追求的目标,这体现了超越眼前现实的文化倾向,但同时也不能脱离现实,其所表现出的理念能够指导人们用心思考现实生活。

3. 途径上重视多种方式

实施儒家的伦理道德规范需要通过一套体系化的教育方法。总的来说,我们强调学校、社会和家庭等方面的教育,也注重我们自己的修养,包括自我控制、自我认识和自我体悟,我们需要努力将这两者结合起来,形成一个统一的整体。

(二)中国思想政治教育的发展

思想政治教育是为了让某个社会及其群体的成员形成符合社会期望的思想品德和实践行为而进行的一种有组织、有目的、有计划的教育课程,从而对学习者产生影响。

精神文明建设的首要内容,化解社会矛盾和解决现实问题的主要途径之一,都是思想政治教育。思想政治教育的发展是一个动态的过程,宏观意义上的思想政治教育包括以中华民族悠久历史、优秀传统文化和现代化中国国情及民主和法制教育为主的爱国主义教育;以讲求团结协作、尊重关心理解他人,讲求集体荣誉和贡献,关心社会公益事业,能正确处理个人与集体利益关系及集体主义人生价值观教育为主的集体主义教育；以世界观、人生观、科学信仰相结合的人生理想、道德理想、社会理想和职业理想的理想教育；以培养优良传统道德、社会公德、职业道德和道德评判能力为主的道德教育；以宪法及有关法律法规为主要内容的知法守法教育；以培养国防和国家安全意识为主的国防教育；以树立马克思主义民族观、宗教观为主的民族教育。

二、思想政治教育具有的文化属性

文化从狭义上就是指精神财富的总和，即对社会大众的思想观念、价值取向以及道德选择的综合反映，代表了一个社会的意识形态取向，这一定义来源于马克思主义对其相关阐述。

思想政治教育虽然是为统治阶级代言的，但它所蕴含的统治阶级的思想并不是空穴来风，而是以文化为根基为土壤而发展起来的。同时思想政治教育的过程也是一定社会、阶级发展所需要的思想要求与民众实际思想水平之间的矛盾运动发展过程，正是基于此基本矛盾，这一发展过程首先要扎根于社会文化环境，明确社会发展的需求以及人们的实际思想水平，其次要结合当前社会的文化环境，利用其中的特点、载体等来确保这一过程的顺利进行。

由此看出，思想政治教育的起源、发展均离不开文化。具体表现为：思想政治教育作为党的一项事业，在推动社会主义文化大发展大繁荣中处于重要的战略地位；作为一项实践活动，它的发展依旧受到社会文化的影响，它的实施必须要考虑到在当前文化背景下民众的价值观念、道德现状等因素；作为一门学科，它的研究发展更是离不开对传统文化的继承、对当代文化的关注以及对先进文化的指引。因此，文化属性作为思想政治教育的本质属性无可厚非，是与生俱来的。这与思想政治教育阶级属性的天然性一致，然而相比较而言，阶级性是更为根本的属性，坚持阶级属性是彰显文化属性的前提。

因此，总体来讲，思想政治教育文化属性是指思想政治教育具备文化性质及特点，具体而言，这意味着文化不再是一个独立的实体，而是与思想政治教育密切相关，因此在思想政治教育的发展过程中需要重视文化目标的制订，贯穿文化逻辑思维，并合理运用文化资源，以提高自身的文化内涵。

（一）思想政治教育文化属性的本质规定

文化属性突出反映了思想政治教育是一种文化现象，它产生发展的过程均离不开文化，但又不是单纯地等同于文化。思想政治教育是与文化相互渗透而又相互区别的，是将文化作为一种理念、一种要素等形态融入自身的系统中。思想政治教育文化属性的本质规定主要体现在三个方面。

第一，文化属性是思想政治教育中根本且稳定的属性。思想政治教育通过传递主流价值，提高民众的思想道德水平，进而提升其文化素养，使得民众能够意识到自身在文化发展中的主体性地位，从而积极主动地发挥文化自觉性，投身于文化的建设中。

第二，思想政治教育文化属性具有独特性。思想政治教育具有与阶级属性紧密相连的文化特征，这与其他文化教育活动不同。思想政治教育的目的不仅仅是简单地传递文化思想，而是以政治为导向，运用文化资源来进行培养和引导，从而实现最终的政治目标。无论是古代的"礼教""乐教""文以载道"等传统还是现代的文化育人、德育模式都体现了思想政治教育文化属性与阶级属性兼具的特质，反映了这一属性的特殊性。

第三，文化属性作为本质属性是由思想政治教育的主要矛盾决定的。不论从哪个维度来理解思想政治教育，它的主要矛盾均是一定社会发展的要求同人们实际思想品德水准之间的矛盾，这个基本矛盾反映出思想政治教育根本目的并不是向人们单纯地灌输政治思想，而是以社会主流价值观为核心来提高人们的个人文化素养和思想道德水平。换言之，亦可以理解为社会发展所需要的高标准社会主流文化价值同当前人们的实际思想文化水平无法达到这一标准之间的矛盾，社会主流价值观作为文化核心，自然而然就决定了文化属性是思想政治教育的本质属性之一。

（二）思想政治教育文化属性的外在体现

文化属性作为思想政治教育的本质属性，必然有着显著的外在体现，具体表现为以下三个方面。

1.文化目标的具备

思想政治教育具备文化属性决定了文化作为一种理念、一种目的，或是一种载体贯穿于其中。文化目标是思想政治教育的基本目标之一,意味着它不是单纯将人们变为政治的工具,而是要以文化育人、以文化化人。这一属性的具备就使得思想政治教育目标带有双重性,即政治目标与文化目标的共存,从而促使思想政治教育不但要着眼于政治素养的培育,同时还要着重思想道德、价值观念等文化素养方面的培育,确保两个目标能够相互促进,推动二者的有效实现。正如当前促进人的全面发展是思想政治教育的培养目标,不仅能够使人们树立坚定的共产主义理想信念,而且还要弘扬我国的民族精神和时代精神,养成良好的道德品质,从而"实现人的物质与精神、科技与人文、政治与道德、生理与心理、知识与能力等方面的全面发展"。思想政治教育这一双重目标的确定,不仅有利于巩固马克思主义的舆论主导地位,同时亦可以切实加快社会主义核心价值观的践行,推动中国特色社会主义文化的大发展大繁荣。

2.思想政治教育文化逻辑的贯穿

文化目标的确立意味着文化逻辑必须融会贯穿于整个思想政治教育当中。一方面,文化价值应有所体现,即向人们传递主流价值观,不仅有利于巩固马克思主义的主导地位,同时亦维护了社会主流文化的地位,在一定程度上抵制了外来文化对主流文化的侵蚀;除此之外,思想政治教育所传递的爱国主义传统等内容亦使中华优秀传统文化得以弘扬。另一方面,具备以及采用文化逻辑思维方式。如就思想政治教育内容而言,不仅要紧抓政治观方面的教育,还必须注重价值观念、优秀传统文化以及现代先进文化等方面的教育内容设置;在方式的采用上体现出灵活和具有吸引力的一面,使得思想政治教育更具文化感染力;同时充分利用文化资源,以此为载体,使其发挥良好的作用。

3.思想政治教育文化载体的运用

文化属性的具备使得文化目标以及文化逻辑在整个思想政治教育中必不可少。基于此,思想政治教育在文化逻辑思维的引导下,通过过程中的文化育人来实现文化目标,而这一过程的完成需要运用文化载体。所谓的文化载体即以文化为一种承载形式,如我们经常能够接触到的校园文化、家庭文化、社区文化等,通过这些文化来开展思想政治教育,以此来提升人们的思想道德素质并内化。文化载体的运用是思想政治教育与文化的相互交融,一方面加强各种文化载体的运用,以此为其提供良好的平台,另一方面,思想政治教育的实施,使得主流文化得以强化发展，从而促进二者的融合以及良性互动。

三、高校思想政治教育与文化的关系

在高校里，关于思想政治教育和文化的关系，学者们已经作出了一些研究，并得出了一些宝贵的成果。有一些研究成果探讨了高校思想政治教育和文化之间的整体联系，一些论文则从各种文化角度对高校的思想政治教育以及文化之间的关系进行了研究。这些研究深入分析了大学校园文化与思想政治教育、传统文化与思想政治教育之间的关系，在这些领域取得了相对丰硕的成果。

（一）关于高校思想政治教育研究的文化范式问题

"范式"，来源于古希腊语"parade Gina"，最初用在语言学之中，原意是指"表示词形的变化规则"，如名词变格、动词人称变化等，引申为"模式""模型""范例"等意思。在15世纪前后，"范式"一词被翻译成英语"paradigm"，同最初一样，在两层意义上使用：一是在语言学上表示"词形变化表"；二是引申为"范例、样式、模范"。

对于高校思想政治教育的研究范式问题，学术界存在着多种不同的观点，也从不同的学科角度对其进行了分析。例如在社会学、人格学和文化学等领域，学者们都提出了各自独特的研究范式。采用文化角度研究思想政治教育问题，是高校思想政治教育的一种研究模式。随着时代的演进和社会主义文化的蓬勃发展，这种模式将会受到越来越多的重视。目前，研究高校思想政治教育文化范式还需要进一步探讨如何从文化角度入手，提高高校思想政治教育的文化水平。虽然有学者认识到了这一问题的重要性，但大部分学者还停留在探讨为什么要这样做的层面，对此还需要更深入地研究。

高校思政教育的本质属性在于其自身的文化性。一些学者认为，思想政治教育只有在文化氛围蓬勃的环境下才能生根发芽，并得到充分的发展，这样才能更好地发挥其作用。思想政治教育既要注重政治方面的内容，也要重视文化方面的内容，两个方面缺一不可。要想达到以文化人的目的，我们就需要不断提高思想政治教育的文化水平，深入研究思想政治教育。思想政治教育发展的必然性就是把文化学融入其中，这样就能够从客观规律中把握思想政治教育，也有助于增强人们的学科意识。

从外部因素来看，对于思想政治教育的研究，我们需要考虑到社会发展的客观要求，这是社会主义文化大力发展和繁荣的必然结果。随着社会主义文化的壮大和繁荣，思想政治教育拥有了更为广阔的发展空间。因此，提高高校思想政治教育的文化内涵已成为时代进步所不可或缺的要求。高校思想政治教育的演进总是受到特定文化背景的影响，因此把研究重心移向文化领域，或者将其纳入社会文化系统进行研究，成为当今时代对高校思想政治教育新的探讨方向，同时也符合该领域自身发展的内在要求。

（二）关于文化环境建设与高校思想政治教育的关系问题

高校思想政治教育文化环境建设的研究，主要是探讨其核心特征、运作规则和成功匹配度等，旨在为高校思想政治教育创造良好的外部氛围和保障条件。

实际上，社会文化环境指的是人们在受精神文化影响的情况下，作出的一系列行为，以及这些行为所联系起来的社会文化关系，同时这些行为又成为高校思想政治教育文化环境研究的基础。每个社会都有其独特的文化背景和传统，这些文化观念和价值观可以通过多种方式渗入人们的日常生活中，潜移默化地影响着他们的思想和行为方式。在高校进行思想政治教育时，文化环境对于知识、情感、信仰、意识和行为等方面的内在转化起着重要影响。

当前社会文化呈现出多种新变化、新特点，如追求财富、思维独立、勇于表态、多样化的娱乐方式等，同时社会文化还受到了西方文化价值观的深刻影响。因此，这就对当前的社会文化环境产生了双重效应，一方面是对高校思想政治教育起到了促进作用，另一方面也带来了一些负面影响。当代文化环境为高校思想政治教育提供了现代要素和动力，使其能更好地实现价值。然而面临多元化价值观念、西方意识形态、舆论误导、信息对流等的挑战，社会文化的主导性还是会受到一定程度的影响。

（三）高校思想政治教育与文化的关联性研究

高校的思想政治教育和文化是相互关联的。高校的思想政治教育以多种文化形式作为它的媒介，这些文化形式源自不同的文化背景。高校思想政治教育和文化具有实践性、开放性和时代性等相似特点。高校的思想政治教育和文化领域存在着不同的运作方式，不能互相混淆。一些学者认为，高校思政教育在文化建设中扮演重要角色，因为它既是文化建设的稳定保障和促进力量，同时也是实现高校思政教育目标的重要手段与途径。一般情况下，我们可以在高校思想政治教育的相关研究论文中看到这些论述。

高校思想政治教育具有明显的文化属性。高校思想政治教育深深地烙印了文化的特征，它集中体现了文化的核心价值观，是整个文化体系不可或缺的重要组成部分。高校思想政治教育在文化选择、整合和创新方面都具有重要的作用。高校的思想政治教育体现了一种文化力量，可以促进高校的思想道德和文化建设，增强文化的凝聚力。

高校思想政治教育与文化在对象和目标上具有内在关联。高校的思想政治教育和文化教育都致力于提高人的素质，促进人的全面发展。因此，这两者的共同对象就是人。高校思想政治教育和文化发展都有共同的目标，那就是提高人们的思想文化素养，培养健全完美的人格，推动人的全面发展。高校思想政治教育受到社会文化环境的深刻影响，因为它必须在文化发展的基础上进行。高等教育系统优秀的思想政治教育促进了时代精神的文化拓展。这两者之间存在服务双向性。

高校思想政治教育与文化在内容上具有内在关联。高校思想政治教育必须始终与特定的文化相结合，这种文化的内在精神在教育中体现了希望传达的价值观念和理想信念，同时也呈现出这种文化对于人们道德行为的期望和要求。另一方面，高校文化建设与高校思想政治教育紧密相连，高校文化建设需要高校思想政治教育的支持和推动，而高校思想政治教育也需要在高校文化建设中得以落实和体现。因此，二者是相互促进、相辅相成的关系。高校的文化不仅涵盖了学术知识，还包括关于世界观、人生观、价值观、集体主义和爱国主义等方面的内容。

高校思想政治教育与文化密切相关，并在其实施过程中互为承接和支持。基本上来说，实施思想政治教育的目的就是使人在文化上得到提升，促进文化价值的判断与选择、传承与创新。可以这么说，高校思想政治教育既受到现实文化的影响，同时也在超越和重塑现实文化之中得到深化和发展。高校思想政治教育的内容已经内含在文化中。

高校思想政治教育与文化在作用上具有内在关联。从企业和谐文化的角度来看，企业的建设和经营需要有一个和谐的文化氛围，这种文化氛围能够推动企业高效运转并创造良好的商业效益。同时，企业和谐文化与企业的思想政治教育也是相辅相成的，在企业不断发展壮大的过程中，需要持续进行思想政治教育工作，以推动企业的可持续发展。简而言之，建设企业和谐文化和进行企业思想政治教育是企业发展的重要组成部分，二者相得益彰，相互促进。同样，在高校思想政治教育中，建设和谐文化对于创建和谐校园也具有重要作用。

（四）高校思想政治教育与文化的互动性研究

尽管高校思想政治教育和文化是两个独立的系统，但它们却相互依存、相互促进、相互交融，从而在相互作用的过程中，形成了双向建构的关系。文化与高校思想政治教育之间存在必然的相互影响和互相塑造的联结。高校思想政治教育的发展与先进文化的交流并融，不仅源源不断地为思想政治教育提供理论支撑，也不断地为文化传承注入新的元素和生机。

高校思想政治教育是一项实践性活动，其目的在于尊重、满足、丰富以及提高个体的需求，从而促进个体的全面发展。高校思想政治教育与文化息息相关，二者本质上有着紧密的联系，在促进文化建设中扮演着至关重要的角色。

提高思想政治教育与文化的互动性要做到三点：第一点是要充分利用现今由社会主义核心价值观引领的多元化的社会文化，在整个社会中形成和谐文化，使其成为主流文化。第二点是要促进社会成员形成"文化自觉"和"文化自信"的意识，以加强他们建设先进文化的能力。第三点是凸显高校思想政治教育的基础性意义，目的是通过培养德才兼备且具备文化创造力的人才，助推社会主义文化事业的巨大发展与繁荣。

高校思想政治教育的文化功能指的是，该教育系统在文化环境中发挥的积极作用和价值，体现了其对文化的促进作用。高校思想政治教育不仅能够传承和重塑传统文化，还能够培育、整合文化。高等教育机构的思想政治教育在文化整合方面发挥着重要作用，包括促进学生能力的提升，传承优秀传统文化，以及深度渗透与创造新的文化形态。高校思想政治教育在文化领域中具有决定性的地位和核心作用，它能够指导人们在价值观方面作出明智的选择，对于维系文化的主导地位、引领文化的发展方向，以及推动本民族文化的传承和发展起到了至关重要的作用。

四、中华优秀传统文化与思想政治教育内容的交融

（一）中华优秀传统文化是思想政治教育内容的重要组成部分

中华优秀传统文化的美德有讲仁爱、重视民本、遵守诚信、尊崇正义、崇尚和合文化、求大同存小异等诸多品质，同时这也是做人最基本的、最重要的准则。

1. 讲仁爱

孔子提倡的礼乐文化的核心精神就是"仁爱"，意思就是人要有广博的爱，宽容的爱，爱别人也要爱自己。同时人要先提升自己的实力，只有自己先强大了，才能做到与他人之间的和谐相处、互相尊重、互相帮助。这样的价值理念充分表现了中华优秀传统文化的特点。

2. 重民本

《尚书·五子之歌》中讲"民惟邦本，本固邦宁"，儒家提倡"为政以德，譬如北辰居其所而众星共之"，这些都说明了重视民本的重要性。在政治上，儒家思想非常强调以民为本的思想，认为民比君贵，甚至黄宗羲还提出了"以天下为主，君为客"的观点，更是强调了民众的重要地位。由此可以看出，民本思想不仅仅是中国古代政治家的一个思想政治理念，更是一种被不断践行的政治行为。

3. 守诚信

在中华优秀传统文化中，还有一个占有重要地位的品质，那就是诚信。中国有很多词汇都和诚信有关，比如"一诺千金""一言九鼎""言必行，行必果""君子一言，驷马难追"，这些词汇的出现也都体现出了诚信在中华优秀传统文化中的重要地位。

4. 崇正义

自古以来，我们都非常推崇"君子以义为上""见利思义""见得思义"等公正公平的观念，不仅提倡义利统一，还要有奉献精神。正义，是我们历代国人追求的价值理念，也是中华优秀传统文化的宝贵财富。也就是说，推崇正义是我们做人的基本道德规范之一，我们要在公平正义的基础上，遵守诚信，与人为善。

5. 尚和合

尚和合的意思就是，推崇和睦，和平发展，共建和谐美好社会。"和"一直是我们儒家文化所追求的重要品质，也是中华优秀文化的精髓。从古至今，中国

一直主张的就是"各美其美,美美与共",尊重各国文化,包容国家之间的差异。同时,我们也强调共同发展,和谐发展,以德化人,同舟共济。

6. 求大同

"求大同,存小异",追求天下大同,是中华优秀传统文化的终极目标。就像《礼记·礼运》中所描绘的未来美好社会那样:"大道之行也,天下为公。选贤与能,讲信修睦,故人不独亲其亲,不独子其子,使老有所终,壮有所用,幼有所长,矜寡孤独疾废者,皆有所养。"这始终是中国人民对理想世界的追求,也是中华民族的美好愿望。只有秉持着求大同的理念,才能引领我们走向更加美好幸福的生活。

(二)基于中华优秀传统文化发展的思想政治教育内容

社会主义核心价值观是思想政治教育的主要内容。社会主义核心价值观以12个词、24个字呈现了三个方面的价值理念,指引我们构建理想国家、塑造美好社会、培养优秀公民。我国的目标是在国家层面实现"富强、民主、文明、和谐"这一要求,打造一个现代化的、强大的社会主义国家。为此,我们需要在经济、政治、文化和社会方面全面发展。在社会方面,我们的基本目标是创造一个"自由、平等、公正、法治"的社会,以实现人人自由、平等,全面体现社会主义制度的优越性。个人层面应以"爱国、敬业、诚信、友善"为内在准则,保持自己对祖国的真挚热爱,拥护中国共产党的领导,工作时勤勉尽责,实现自我价值。同时,个人与个人之间要遵循诚信原则,团结友好,建立和谐的人际关系。这三个层面构成了社会主义核心价值观的基本内涵,它"把涉及国家、社会、公民的价值要求融为一体,既体现了社会主义的本质要求,继承了中华优秀传统文化,也吸收了世界文明的有益成果,体现了时代精神"[①],也是思想政治教育的主要内容。

总的来说,中华优秀传统文化和思想政治教育在核心内容方面有着相似之处。中国传统文化所倡导的仁爱、民本、诚信、正义、大同等思想,是思想政治教育的重要组成部分,同时也是社会主义核心价值观的重要支柱。所以习近平强调:"中华优秀传统文化已经成为中华民族的基因,植根在中国人内心,潜移默化影

---

① 习近平著作选读:第1卷[M].北京:人民出版社,2023:239-240.

响着中国人的思想方式和行为方式。今天，我们提倡和弘扬社会主义核心价值观，必须从中汲取丰富营养，否则就不会有生命力和影响力。"[1] 讲仁爱与今天的友善，守诚信与今天的诚信，崇正义与今天的爱国、民主、平等、公正、法治，重民本与今天的富强，尚和合、求大同与今天的文明、和谐、自由等都有相通之处。两者相融相通，中华优秀传统文化是社会主义核心价值观的深厚底蕴，社会主义核心价值观"传承着中华优秀传统文化的基因，寄托着近代以来中国人民上下求索、历经千辛万苦确立的理想和信念，也承载着我们每个人的美好愿景"[2]，这些思想观念的不断创新发展，体现出了鲜明的时代特色。

第三节 方法融合：传统文化的教育方法与现代思想政治教育手段的结合

中华优秀传统文化是高校网络思想政治教育的重要组成部分，可为教学提供丰富的资源和素材。高校应当积极肩负起传承、发展和推广中华优秀传统文化的责任。利用当今的现代技术手段，如互联网和融合媒体，加强中华优秀传统文化在网络文化领域的传播和影响。这样做不仅可以丰富高校网络思想政治教育的内涵，还可以充分发挥中华优秀传统文化在思想教育方面的作用，从而促进二者深入融合。这可以成为高校网络思想政治教育的关键来源，为教师和学生提供思想动力和文化基础，有助于他们全面发展和健康成长。

一、中华优秀传统文化与思想政治教育在施教方法上共通

第一，中华优秀传统文化注重培养人的内在意识，提倡通过自我觉醒来教育人，而不是强制性说服。所以中华优秀传统文化中有"修身养性""言传身教""一日三省吾身""知行合一"等言辞。

中华优秀传统文化强调通过言传身教的方式来教育人，也就是说，老师、长辈需要以自己的言行为榜样，对学生和家人起到重要的示范作用。除了言传的教育之外，他们还需要以身作则，以实际行动强调身教的重要性。例如《颜氏家训》

---

[1] 习近平著作选读（第1卷）[M]. 北京：人民出版社，2023：241.
[2] 习近平著作选读（第1卷）[M]. 北京：人民出版社，2023：240.

有言："自上而行于下者也，自先而施于后者也。是以父不慈则子不孝，兄不友则弟不恭，夫不义则妇不顺矣。"①认为家庭教育的事情是由上而下推行的，前人影响后人的，父母、兄长等起着表率作用。除此之外，社会上的贤人也用感召力引导教化人们，只有努力提升自我，才能与有才德的人齐平。孔子《论语·里仁》原文中讲道："见贤思齐焉，见不贤而内自省也。"以他人为鉴，以他人为镜，比照别人的优点长处警示自己，以别人的过失为鉴，避免自己犯同样的错误，这是中华优秀传统文化中很重要的提升个人修养的方法。

"以文化人"，用文章、文德等来教化人，用讲道理的方法感化人，使人信服，而不是生搬硬套，使受教育者从内心深处认同。正如《孟子·公孙丑上》所说："以力服人者，非心服也，力不赡也；以德服人者，中心悦而诚服也，如七十子之服孔子也。"

传统文化中还有"慎独"和"自省"这样的修养方式，这可以用来评估自我和审视自我，这是通过自我反思和提升修养来达到彻底的身心健康状态。这种修身方法是以自我约束为核心，在没有外部监督的情况下，通过深刻反省和内在力量的作用，实现个人的自我完善。这种方法强调了修身者的内在自觉和自我意识，使其能够真正将修身理念内化于心。

在传统文化中，有一句话叫作"知行合一"，这句话的意思是，做人不仅要在内心理解事物的道理，还要将这些理念付诸实践行动，将思想和行为统一起来，只有这样才能达到"善"的境界，这也就是明朝王阳明提出的"致良知""知行合一"的思想内涵。也就是说，在多种教化人的方式中，只有在经历过磨炼之后，才能够让人们真正将确定的认知转化为切实的行动。这种方法侧重于内在自我和外在行为之间的一致性，强调认知和行动的相互融合，二者不可分割。

第二，在进行思想政治教育时，常常采用的教学手段有理论教育法、比较教育法、典型教育法、自我教育法，这些方法常常是从个体的自我觉悟和内心认同出发，以理服人。在思想政治教育中常常使用的是典型教育法，也就是借助示范教育的方式来进行教学。这种方法通常会选取一些典型的案例，包括正面和反面的案例，以此来教育学生，帮助他们提升自己的思想认识。自我教育法是个人通过自我努力来提升自身的思维和道德境界，自觉剖析和纠正错误的想法和行为，

---

① 赵忠心. 中国家庭教育发展史[M]. 南昌：江西高校出版社，2020.

积极地对个人进行认知、监督和评估，以达到教育目标的一种方式。再比如理论教育法，这是一种授课方式，它通过传授基本原理和思想观念，向学生传达马克思主义理论体系。这种方法涉及师生之间的相互交流，包括探讨理论、接受培训等，旨在通过真实可信的论据，使受教育者深信不疑，并通过真挚的情感引发共鸣，令对方心悦诚服。

总之，从上述两点分析中可以看出，思想政治教育中经常采取的典型教育法和中华优秀传统文化中倡导的"见贤思齐"理念有相似之处，二者都是从榜样或者反面事件中对受教育者进行教育；自我教育法和中华优秀传统文化中的慎独都是通过受教育者的自我觉悟来进行自我选择、反思的，这是二者的相似之处；但它们并非单纯地复制和效仿，而是强调不能通过强制与灌输来实现教育目的。随着时间的推移，人们开始更加关注情感上的感受，从理性上说服对方，将更多的关注点放在受教育者内心深处的意识认同上，从而实现教育思想的内化并将其融入行动之中。这与中华优秀传统文化所倡导的以文化感召人的理念相符合。

二、优秀传统文化视阈下大学生思想政治教育的方法

优秀传统文化既蕴含丰富的德育思想，又具有今天大学生思想政治教育可借鉴的一系列教育方法。

（一）教学相长

中国古代思想家早就认识到：教学过程不是教师影响学生的单向过程，而是师生彼此影响的双向互动过程。在这个过程中，教与学双方都能不断地获得进步和提高。教学相长蕴含着教与学双方彼此互为主客体的思想，具有现代思想政治教育的智慧。

1.教学相长的内涵

大学生思想政治教育要取得切实的成效，需要采取有效的方法，传统德育的教学相长方法可以借鉴。

"教学相长"最早出现于《礼记·学记》。《学记》集中体现了先秦时期儒家关于教育的观念和思想。"虽有佳肴，弗食不知其旨也；虽有至道，弗学不知其善也。是故学然后知不足，教然后知困。知不足，然后能自反也；知困，然后能

自强也。故曰教学相长也。"[①] 这段话的含义是：即便有美味的食物，如果不去品尝就不知道它的味道；即使有好的道理，但是不去学习也就不会知道它的好处是什么。因此，只有学习以后才能知道自己的缺点，教导别人学习之后才知道自己在哪些方面理解得不透彻。知道自己面临的困惑，然后才能够激励自己努力上进；知道自己有所欠缺的部分，然后才能奋发图强。所以说教育和学习是互相促进的。简言之，教学相长包含了教育者和被教育者双方。"长"是启发，"相"是相互，二者共同成长，促进双方增长知识与能力。

2. 教学相长对大学生思想政治教育的意义

教学相长有利于我们科学认识和把握大学生思想政治教育活动中的主客体关系，即教育者与受教育者之间的关系。大学生思想政治教育过程不是一种单纯的主体改造客体的行为，当今社会的发展要求思想政治教育给予教育对象以主体地位，在教育过程中，被教育方也就是大学生也应发挥能动性和创造性，强调给予大学生应有的尊严和价值，从而把思想政治教育主客体关系看作主体间的交往实践活动关系。

（1）教学相长有助于培养和发展大学生的主体性

大学生思想政治教育说到底是做人的工作，思想政治教育要充分认识"人"的因素在思想政治教育中的主体性意义，坚持关心人、尊重人和理解人。在思想政治教育活动中，教育者只有充分发挥大学生的主体性，自己也在教育学生的过程中得到提高，才能建立起真正依赖主体发挥作用的思想政治教育平台。也只有以此为基础，才能构建起师生间良好的思想政治教育主客体关系。长期以来，思想政治教育被认为是教育者向教育对象"单向"灌输社会既定的思想理论观点和道德价值规范，使其服从社会生活与发展需要的活动。在这样的思想政治教育主客体关系状态中，受教育者往往被视为简单的对象并对其进行强化训练。而教学相长不仅能提升大学生的主体性，也能发展和增强教育者的主体性，使教育者在教育活动中发挥主导性的同时，也把自身作为认识与改造的对象，进行着自我改造、自我修养和自我提升，使自身不断适应社会进步和时代发展的需要。

（2）教学相长有助于教育者与受教育者统一教育和自我教育

教学相长强调了教育过程中，受教育者在接受教育主体的信息传递和灌输过

---

① 张立成.书香偶拾亦是梦[M].银川：宁夏人民出版社，2022.

程中具有信息回返机制，有助于教育主体不断改善主体信息传递的有效性。这也体现了作为客体的信息接收者，是在主动、积极地实施自我教育和理解，形成了教育个体内循环。因此，教学相长有助于师生间进行良好的思想政治教育主客体关系界定和建构，可以进一步摆正教育者和受教育者的位置关系，有助于调动教与学的积极性，重视受教育者的德性结构和教育信息。最终使得思想政治教育把教育者与受教育者、把教育与自我教育有机统一起来，既重视教育者所进行的主动的传授操作，同时强调教育双方自我学习与自主教育环节的重要性。所以，思想政治教育实效性的实现，是教育者与受教育者共同努力、相互作用的结果，无论是忽视教育者的主体作用，还是忽视甚至否定受教育者的主动性，都不能达到思想政治教育的预期效果。

（3）教学相长有助于实现思想政治教育的现代化

当今时代的显著特征是经济全球化、价值多元化、信息网络社会化深入发展，建立良好的大学生思想政治教育主客体关系并与时代背景相适应，反映着市场经济发展的客观要求，体现着信息网络技术发展的现实需要。而用教学相长理念来指导思想政治教育的主客体关系，使教育者与大学生处于平等地位，彼此间相互尊重、相互交流、共同提高。这就真正彰显了以人为本的价值理念，是对传统的思想政治教育主客体关系的修正和超越。因此，立足于教学相长的思想政治教育主客体关系的建构，也是深入贯彻党的教育方针，落实立德树人根本任务的时代诉求。

3. 践行"教学相长"以促进大学生思想政治教育的发展

大学生思想政治教育要取得切实的成效，离不开融洽和谐的师生关系。运用教学相长，强调建立以教学相长为理念的思想政治教育主客体关系，把大学生提升为思想政治教育过程中的特殊"主体"来看待，强调大学生在思想政治教育过程中的主体性地位，是时代精神及其现实发展要求在思想政治教育发展中的客观表现，是在充分关注和重视思想政治教育过程中的大学生思想价值观念变化及其主体性意识觉醒基础上的系统建构。

（1）师生间要相互尊重、彼此理解

大学生与教师在人格上是平等的，都是独立的社会个体。教师只有做到关注学生、尊重学生、理解学生，才能够做好教书育人的工作。教师应积极与学生交流互动，在交往中善于拉近彼此关系，让学生信任和认可自己，成为学生在学习和生活中真正的朋友。每位教师都是独特的个体，既有自身的优点，也有需要改进的地方，因此学生必须具备尊重教师的品质。我们受教育时，需懂得尊师重教，领会教师的辛劳和他们付出的心血，并认识到教师所付出的努力。只有这样，才能促进师生之间的平等相处，建立起良好的师生互动关系。建立良好的师生关系又有助于教育者更好地投入教育教学中，深入了解学生的学习和生活情况，从而针对不同的学生，制订出更贴切的教学策略。为了更好地促进教师和学生的成长与进步，必须确立一种以民主和谐为基础的师生关系。

（2）教师要不断增强学习和研究的能力

我们需要通过教育这一重要手段来完成人类生存和发展的需要，因此现代教师必须持续地学习和成长，以满足不断变化的需求。首先，教师需要不断跟随社会的进步，不断学习和提升自我，只有不断追求进步，教师才能在竞争激烈的社会中立于不败之地。其次，教师的服务对象是正在经历身心成长和发展的学生。在数字化时代，学生每天都能够了解到许多新知识。如果教师不能每天都学习进步，就难以为学生答疑释惑。最后，从教师个人专业发展的角度来看，职业技能的提升也需要不断学习和研究。只有通过不断地学习新知识，研究新问题，才能丰富专业知识，提升理论水平，提高自己的教学管理能力。

（3）教师要注重换位思考，善于倾听学生的意见

孔子主张教师的教育可以激发学生的学习动力，同时学生也可以对教师起到协助和支持的作用。所以他经常激励学生，让他们不要因为身份地位与教师有所不同就不敢向教师提出问题或表达不同意见，而是要勇敢地分享自己的独特见解。

教师应该重视以学生为中心的教育。为了达到这个目标，教师需要换位思考，向学生学习，并倾听学生的意见，同时遵循"能者为师"的原则。需要承认的是，教师所拥有的知识比学生更为广泛。然而，在大数据时代，学生有时也能回答一些教师不懂的问题，如一些所谓的网络流行语，很多学生应该就比很多教育者熟悉。因此在某些领域，教师应以学生为"老师"，听取他们的意见和看法，而不是高高在上。在坚持换位思考的前提下，秉持平等相待的原则，让学生在发现教师的一些观点或行为不对时，敢于向教师指出。教师也应该努力创造一种积极

的教学环境，倡导民主思想，让学生积极参与并提出疑问。只有在教师与学生之间的互动和相互学习中，才能够实现"教学相长"的目标，让学生提出问题并获得解答也是一个理想的教学方式。

（4）以学生为本，明确学生的主体地位

在教育教学实践活动中，我们要坚持贴近现实、贴近生活和贴近大学生的实际等原则，真正把大学生看成独立的、能动的主体，并重视大学生的主体地位，重视他们的需求、人格和尊严，培养大学生在社会实践活动中的独立性、自主性和创造性。学生应被视为具有自主性的独立主体，在学习过程中应强调他们的主体性地位。学生拥有一定的知识储备，在接受教师教育的同时，也可以自主进行知识的深入学习和探索。为了实现真正的"教学相长"，教师需要注重提升学生的自学、自主和自我决策能力。强调培养学生参与课堂和社会实践活动的能力，以提升其参与经验。在教学过程中，也应关注让学生自主学习和探索。

学习不仅仅是教师教的过程，教师的教只是起到引导的作用，学习取得成效的关键还在于学生自身努力。学生要从思想上认识到自身主观能动性的发挥对于学习的重要意义，积极发挥自己的主观能动性，在教师授课的过程中，要积极主动地提问、表达自己的意见，而不是单纯地被动地接受教师传授的知识。在课程结束后，需要认真思考和消化所学知识，使其成为自己的真实财富，并在实践中加以验证。

"教学相长"深刻揭示了教与学之间的辩证统一关系：两者相互依存、彼此促进，学因教而进步，教因学而更深入。也就是说，教师的教与学生的学可以相互促进。这一辩证统一关系同时也表明：师生之间应该相互宽容、平等相待，师生关系应该是一种共同成长、相互促进的关系，良好的师生关系能充分利用教学资源，营造出良好的学习氛围。

（二）长善救失

"长善救失"出自《礼记·学记》："学者有四失，教者必知之。人之学也，或失则多，或失则寡，或失则易，或失则止。此四者，心之莫同也。知其心，然后能救其失也，教也者，长善而救其失者也。"[①] 意思是说学习的人有四种毛病，

---

① 李效东. 学以成人《学记》的教育智慧[M]. 长春：吉林大学出版社，2021.

或者是不足之处，教育别人、传授知识的人一定要知道。有的人贪多求快，囫囵吞枣；有的人蜻蜓点水，浅尝辄止；有的人急于求成，专走捷径；有的人畏首畏尾，遇难即止。教育工作者知道了这些人的心思，才能对症下药，纠正这类问题。教育工作者，就是善于发现并纠正学子的失误之人。

1. 长善救失的意蕴

"长善救失"是孟子"教亦多术"的发展。孟子曰："君子之所以教者五：有如时雨化之者，有成德者，有达财者，有答问者，有私淑艾者。"[①] 也就是对于不同资质、不同个性的学生，有的应像及时雨一样给予点化，有的成就其德行，有的要发展其才能，等等，一切因人而异，也就是"教亦多术矣"。教师应全面观察学生，懂得教学的辩证法，针对不同类型的学生，挖掘、培养、发扬积极因素，克服消极因素，这就是扬长补短、长善救失。现今教育强调尊重个性，提倡鼓励个体发展。支持根据不同个人特质采取相应教学方式和评估标准，以形成适合每位学生个性成长的教学方法。教师应当用"放大镜"认真寻找学生的优点，用"反光镜"排除学生的缺点，用"显微镜"突显学生的独特个性。

2. 实施长善救失大学生思想政治教育方法的基本要求

教育者要用一分为二的观点，全面分析、客观评价学生的优点和不足，并且要多看到学生的长处，鼓励学生发扬自身的长处。教育者要有意识地创造条件，将学生思想中的消极因素转化为积极因素，善于想方设法将大学生显现出来的和隐藏的身心短板转变为优良的能力素质。教育者要提高学生的自我认识、自我评价能力，启发他们自觉思考，加强身心修养，不断砥砺自己，克服缺点，发扬优点。

（三）循序渐进

所谓循序渐进，是指教育者要了解学科知识和学生认识能力发展的规律，要由浅入深，由简单到复杂，按照事物的运转规律，一步一个脚印，一个一个层次地开展大学生思想政治教育。循序渐进法是一种教学法，其核心思想是将教学内容、教学手段和运动负荷等安排在由简单到复杂、由易到难的顺序中，逐步深入，以帮助学生系统掌握基础知识、技术和科学训练方法。

---

① 孟子[M]. 北京：中华书局，2016.

1. 循序渐进方法的依据

（1）人们认识事物的规律

马克思主义认识论告诉我们：人们对客观事物的认识是不可能一步就达到对其本质的认识的，而都要经历一个由简到繁、由低级到高级、由直观到抽象的循序过程。

（2）动作形成的规律

行为的发展在不同阶段受制于人体生理机制，同时也受到条件反射和逻辑思维规律的支配。学习动作技术是一个逐步递进的过程，从简单到复杂。

2. 如何实施循序渐进

教育者应该遵循科学知识的内在逻辑顺序和学生认识能力发展的规律来进行思政教育。关键在于循序渐进的方式，它有两个层面：人的成长需要按照特定的次序发生，知识的掌握也需要跟随逻辑顺序进行学习。这具体就是指四种不同的顺序，包括按照教材内容的逻辑顺序、按照学生生理节律的发展顺序、按照学生认识能力的发展顺序以及按照认识活动本身的顺序组织教学活动有机结合。

循序渐进教育方法反映了科学知识本身的性质以及学生身心发展规律。科学知识的学习需要按照系统性逐步深化的方针，从简单到复杂，逐步加深认知，这样才能使学生掌握系统化的知识，提升逻辑思维能力。

在实施教育时，教师应该合理运用循序渐进的教育方法，以达到更好的教育效果。教师应该按照课程内容的逻辑顺序进行教学。教师需要考虑到学生的发展阶段，相应地调整教学策略，合理安排教学。教师应该采取循序渐进的教学进度，使用适应学生能力的教材内容，同时在教学过程中留有一定的学习难度，以唤起学生的探究欲望，并促进他们的个人成长。教育者需要使用逐步分阶段的教学方法，根据思想政治教育的内在逻辑和学生的认知发展顺序来进行教育，以帮助学生系统地掌握思想政治理论的基础知识，从而全面地促进他们的个人成长。

（四）分层教育

中华传统文化所孕育的教育思想总体来说是人本主义教育，认为接受教育的唯一目的就是学会做人，极为重视道德教育和实践，知识教育是居第二位的，智育主要为德育服务，德育通过智育来进行，强调道德教育、社会责任感和历史使命感的统一。

1. 分层教育的基本含义

分层教育是根据青年大学生的生理和心理特征需求，采用分主题、分阶段、分年龄和根据能力高低的不同来进行教育的一种方式，是在学校教育的总体要求下开展思想政治教育工作和实践活动的一种教育模式。分层教育体现了"因材施教"的教学原则，是适应教育对象现状的一种有效对策。要体现分层教育的实际效果，科学、合理地分层尤为重要，这是青年学生是否自觉接受教育形式和内容的关键。

第一，从世界观、人生观教育到价值观教育，培养学生逐步成为健全的思想人。"三观"教育是中国德育教育的主要内容，大学生思想政治教育应让青年学生明确什么是正确的世界观、人生观，从而理解人生的价值和意义，最终表现为对正确价值观的认识与培育。

第二，从亲情教育到家庭美德教育，培养学生成为情意并重的家庭人。亲情教育是情感教育的基本点，是培养学生学会关爱、学会理解的主要途径。通过亲情教育的实施，学生能够更深刻地了解父母的想法，进而自觉地接受家庭美德教育，从而能够更有效地处理个人与家庭之间的关系。这种教育能够帮助学生做好情感和心理方面的准备，以便他们在步入社会、面对家庭亲情和创建个人家庭时能够更好地适应。

第三，从养成教育到社会公德教育，培养学生成为合格的社会人。养成教育是对学生日常文明习惯的普遍要求，这是学校德育教育的基础。大学生思想政治教育只停留在这个基础上还不够，要将养成教育上升到社会公德教育的层面，让学生将自己的认识和行为与社会道德规范进行比较，通过社会体验活动逐步向公众认可的社会人的方向去靠拢。

2. 按照教育与管理的模式、内容分层

这个分层结构旨在将大学生的思想政治教育起点和目标点连接起来，并通过科学地设计，在教育过程中逐步引导学生从基础到专业，轻松掌握教育内容。在此过程中，教育者可以选择几个或多个分层点来帮助学生更好地理解和吸收知识。我们可以以培养正确的"三观"作为大学生思想政治教育的核心，将养成教育作为起点教育，亲情、法制、心理等教育作为中间过程，在分层教育的内容上实现全面发展。

这种分层教育方式可以帮助大学生在思想政治教育方面建立一套系统的知识框架，适应不同阶段和主题的学习需求。尽管这些模块有一定程度的独立性，但它们与思想政治教育的主线具有内在的关联性。

（1）按照教育对象的年龄段和年级段分层

尽管学校学生的年龄相差仅有四至五岁，但由于青春期的心理和生理变化，不同年龄段的学生会表现出截然不同的特点。将思想政治教育分层，根据青年学生的年龄和年级来选择不同的教育内容，考虑到他们的心理和生理差异，以便更有效地进行教育。通过对年龄进行分层，可以减缓突变期带来的冲击，使学生体验到一个逐步提升的教育过程。

（2）把握工作环境

大学生在思想政治教育工作方面，受到学校硬件设施的影响，如教育设施等，同时也受到软件环境影响，如校园文化、教学风格和学术氛围等。在分层教育中，关键是理解软件环境中的人文要素。

我们应当认识到每个人都既是教育者，也是受教育者。大学生思想政治教育需要由全体教职员工共同承担教育职责，而不仅仅是由学校领导或思政工作者负责。针对目前大学生思想政治教育所面临的多种挑战和困境，我们必须采取全员行动的措施，提升与加强对思想政治教育工作的认识水平，并努力营造一个良好的人文环境。分层教育要求教育者具备更高的能力和素质，要求他们时刻保持细心、关注学生，在传递知识的同时保持自我反思和自我学习的能力。

我们必须明确思想政治教育工作需要科学的处理方式，同时要反向思考以强化教育效果。有些人缺乏清晰的思想政治教育层次和内容界定，他们认为无论何时何地，只要进行批评就算是教育，却未能考虑到实际场合和受教育者的实际需求。这种自称为教育的方法不仅无法产生预期的效果，反而会导致受教育者再次接受教育时会处于被动状态。因此，为了有效开展思想政治教育工作，教育者需要科学地认识其内涵和基本目标，并基于此进行逆向思考，确定教育过程中的每个步骤和必要内容。随着意识提升和教育的科学性增强，教师才能够更轻松地推行大学生思想政治分层教育。

（3）注重教育方式

现代大学生敏感、好奇，获取知识和信息的途径便捷多样，知识储备较为丰富，他们希望能够通过亲身体验和自己的认知来对事物作出评判。考虑到以上情况，我们需要改变传统的单向灌输和说教方式，我们要在大学生思想政治教育的分层教育中采用启发式和引导式的教学方法，以帮助学生更深入地理解和认识社会现象，提高他们对善恶和美丑的辨别能力。

在大学生思想政治分层教育过程中会产生许多主题鲜明的教育模块，它们能够单独使用，但组合使用效果更佳。首先需要了解如何筛选教育模块，找出相关主题和类似内容的教育模块，并将具有相似情况的受众和能够相互促进的模块进行组合。接下来，根据现实条件来组织并实施这些教育模块，以满足大学生思想政治教育的需要。在选择和组合过程中不能只强调理论上的最佳，应具体根据所在学校实际，特别是思想政治教育对象是否能接受的情况来实施。

（4）"分层"要体现实践教育的内容

在从事教育工作和感受教育的过程中，就越来越能感受到实践教育的魅力。大学生的思想政治教育最好通过实践教育来实施，因为这种方法更能说服他们。我们应该借助社会实践和体验教育，让年轻的学生亲身体验不同层次的教育，验证其实际效果。在实践中，我们会逐步完善教育内容和形式，持续不断地加以检验。

（五）忠恕宽容

"忠恕宽容"也是传统思想道德教育中的重要方法，强调的是就近取譬，将心比心。

1. 作为方法论的"忠恕宽容"

"忠恕宽容"这一思想源于孔子。孔子的这一理念是说人们要有一颗宽容博爱之心，从自己的心出发，体谅关怀他人，也就是"能近取譬"，即从自己的立场角度出发，设身处地地考虑他人的处境，是体现忠恕之道的实际行动。不管是忠恕之道还是絜矩之道，它们的实质都是关于仁慈博爱的。《中庸》继承并发扬了忠恕之道和絜矩之道，同时强调"以人治人"，要求人们用自己充满爱心、真诚忠恕的态度来对待他人，同时以批评自己的态度来批评他人。通过这种方式，可以感染、感化和塑造人。只要遵循忠恕之道，民众之间就能够和平相处，达到适当的行为规范和自我满足的境界，不会抱怨命运或指责他人。

2. 和风同尘中的忠恕之道

孔子的忠恕之道具有广泛的社会意义。在文化中，"恕"的意义体现在个体对整个社会的关爱和成全上。孔子主张的学习是一种追求自我发展和完善的过程，人们应该为自己而学，而成为人才或者成名等，这些只是自我完善的副产品，是理所当然的结果。我们只有通过与他人交流互动，才能真正了解自己的"自我"，并将其融入社会中实现个人价值。在某种程度上来说，兼顾整个社会也可视为关心自身利益的表现。"恕"不仅仅是一种消极的禁止行为，它也可表达积极的意义。"己"和"人"的联结可以从三个不同的层面来考量：与家庭、与国家，以及与整个世界。"孝""悌"是构成个人与家庭关系的关键因素。恪尽孝道不仅是对家庭的责任，也扩展至国家层面，体现为"君子效仿君君，臣子效仿臣臣，子女效仿父母"。人之所以能恭敬尊重父母，是因为他们同时拥有敬畏、感恩和悌亲的美德，而这些美德应该被视为世界共同的价值观。孔子的思想强调了培养知识分子的社会责任感和良好道德标准。他鼓励人们从自身出发，发掘内心的力量去帮助社会，既不脱离世俗，也不忘记自己的责任。

（六）慎独内省

1. 慎独自省

慎独自省原则是鼓励人们在发展自己的品质方面，持续进行自我学习、自我管理和自我规范。《中庸》就提出了这一原则，其文云："是故君子戒慎乎其所不睹，恐惧乎其所不闻。莫见乎隐，莫显乎微。故君子慎其独也。"[1]在一个人独处的时候，我们需要更加注意自我修养，通过自我反省、自我约束、自我教育、自我监督来提升自己的品德素质。在他人听不到的地方，谨言慎行，以免踩过道德底线；若想保持至诚、至仁、至善、至圣的品行，同时不为他人所知，就必须恪守自修的原则。遵循这个原则，会产生无限的快乐、无限的用处和无限的功效。

"内省"的方式首见于孔子。孔子认为不论道德认识或是道德实践，都需要有主观积极的思想活动，即为内省。孔子还提出了"内省不疚，夫何忧何惧"的论断。内省并不是闭门思过，而是就日常所做的事，进行自我思想检查，看其是

---

[1] 傅庚生，傅光续. 国学指要[M]. 北京：生活·读书·新知三联书店，2019.

否合乎道德规范。内省依靠的是自觉,不自觉也就难以真正进行内在的自我反省。

2. 内省是修养是智慧更是方法

内省本身就是一种力量。内省,就是自我内心的省察,即自身反省、检查自己的言行是否有不对的地方。内省是一种发自内心的道德约束,是自觉自愿、积极主动的,因而其约束力更有效、更持久,力量更强大。我们只有做到深刻反思自我,才能够抵御不良风气、不良意识的冲击。这是我们人生增长智慧的必修课。内省可以修养身心。心病还需心药治,平和宁静的心灵是内省的前提。我们需要好好地坐下来,反思自己,审视自己,全面评估自己的缺点,从生活中总结经验,主动改正错误,以平和的心态面对生活和事业中遇到的问题,不偏离事业和人生的航线。检查自己的过失,不但查找客观原因,更要找主观原因;不但查找外因,更要找内因。提升修养一定要从自己内心省察,从小事做起,从小毛病改起,小中见大,防微杜渐。因此,大学生思想政治教育者要引导和帮助大学生自觉地进行善与恶、正与邪、是与非的斗争,对照检查自己的思想和言行举止,及时改正自身的缺点和错误,扬弃自身非理性的认识、情感、意志和言行,拥有坚定的理想信念、强大的内心世界、坚定的责任担当。

面对矛盾与苦痛,躬身内省。内省可以明辨是非、总结得失;可以扬长避短、完善自我;可以认识自己,改进自己。历史上有所成就、人格高尚的人无不时刻反省自己,汲取他人的长处,修正自己的不足,让自己不断走向完美,这就是我们通常所说的"人贵有自知之明"。大学生思想政治教育者要教育引导大学生在遇到矛盾和苦痛的时候,不怨天尤人,不哀伤,不气馁,切实反省自己的过失,从自身找原因。激励大学生坚持不懈地内省,不断弃恶扬善,成就非凡的人生,领略到做人的真正乐趣,让生命升华到更高层次。

三、中华优秀传统文化与网络思想政治教育的融合

由于信息和计算机技术的迅速发展,互联网已经深入人们日常生活的各个方面。如今,人们已经离不开智能手机和电脑这两个设备,它们为我们的生活、学习和工作提供了重要支持。现今,网络已经成为人们获取信息的主要方式,这为网络的繁荣发展铺平了道路。"互联网+"这一理念最早是由于扬提出的,这一理念是说互联网已经成为社会的基础设施,因此传统行业和服务业都应该借助互联

网实现改变。"互联网+"已经彻底改变了教育领域，影响深远。它深刻地改变了教育资源、机构、学习方式以及教学方式，并且催生了新的思想政治教育模式。

（一）中华优秀传统文化融入高校网络思想政治教育的价值意蕴

1. 丰富高校网络思想政治教育内涵的需要

2022年5月27日，习近平总书记在中共中央政治局第三十九次集体学习时指出："中华优秀传统文化是中华文明的智慧结晶和精华所在，是中华民族的根和魂，是我们在世界文化激荡中站稳脚跟的根基。"[①] 中华文化源远流长，内涵丰富，植根于中华民族深厚的精神追求，凝聚着中华民族长期实践所探索出的独特思想和政治理念。这些丰富的资源为高校思政教育的创新和发展提供了重要的启发和借鉴。

在媒体融合的时代，人们越来越重视"内容至上"。融媒体的发展离不开"内容"的支撑，这都归功于互联网和融媒体技术的发展。为了让师生更认可网络思想政治教育，我们需要以"内容为王"的理念为依据，积极提供优质的网络教学资源，避免重复乏味的内容，以激发学生的学习热情。所以，我们还需要汲取中华传统文化的珍贵教育资源并妥善利用，这些传统文化核心理念蕴含有修身齐家、仁爱友善以及立己达人等内容。传统文化所提倡的处事方法在于求同存异、和而不同，而美学的追求则着重于满足形式和内涵的统一，同时也将刚柔并济、情景交融视为美学探索的核心内容。传统文化的生活理念包含有修身养性、俭约自守以及更多不同的文化风俗、情感表达方式和生活方式。这些高质量的教育资源将为高校师生塑造正确的价值观和良好的行为方式提供帮助，从而使他们不断进步，向着目标不断努力，并向社会传递正能量。

2. 维护高校网络意识形态安全的需要

文化和意识形态之间存在相互依存的关系。意识形态的方向性和发展路径决定了文化的走向和发展趋势，而文化则成为意识形态建构和传播的支撑和孵化环境。在这一进程中，中国传统文化的传承与新时代社会主义意识形态的建设相互影响、相互促进。中国优秀的传统文化经过千年的发展与演进，孕育出丰富的价

---

① 习近平2022年5月27日在十九届中央政治局第三十九次集体学习时的讲话[EB/OL]. 人民网，（2022-05-27）[2023-10-30].http://www.people.com.cn.

值观念、道德准则、人生哲学以及处世智慧。这些文化元素深刻而普遍地影响着每个人的思维和价值观念，成为社会精神生活中不可或缺的支柱。将这些杰出的文化元素巧妙地纳入网络意识形态的构建，将有益于进一步加深高校师生对我国主流意识形态的认识和理解。

随着信息社会的多元化发展，互联网的传播速度、覆盖面、影响力及对公共舆论和思想的放大作用不断扩大，已经深刻地影响了高校思想政治教育的环境和形势。此外，这还为高校思想政治教育带来了新的机遇，为主流社会意识形态和思潮提供了新的传播和转化渠道。高校有必要利用互联网技术，加强在意识形态领域的主导地位和话语影响力。我们可以运用多种方法，例如向社会传递积极的信息，弘扬中国优秀的文化，推行传统文化活动等，以此来传播社会主义核心价值观，凝聚人心。同时，应该持续提升教师及学生的文化、媒介和网络素养，加强高校网络意识形态安全意识，以确保意识形态阵地的安全和稳固。这样，高校可以用强大的文化力量，塑造向上向善的网络文化氛围，为社会主义先进文化的不断传承和发展注入新动力。

3. 增强高校文化自觉、坚定文化自信的需要

高校利用网络思想政治教育与中华优秀传统文化的相互融合，从中深度发掘中华优秀传统文化的德育资源，并进一步阐述其内涵，使师生都能够从中得到收获，达到教育和引导的目的。高校师生需要坚定中华文化的立场、传承中华文化的优秀品质、传递中国价值、弘扬中国精神，发扬"勇挑重担，担当大义"的担当精神，"精忠报国、天下为公"的家国情怀，"崇德向善、见贤思齐"的社会风尚，"仁爱孝悌、礼义廉耻"的荣辱观念和"诚实守信、孝老爱亲"等传统美德，使师生的参与感、获得感和认同感同时得到增强。只有不断宣传传统文化中的精神内涵，才能让社会主义核心价值观忠实的践行者、推动者和引领者，也就是高校的师生受到鼓励，并为传承和创新中华优秀传统文化道路贡献重要力量，为高校思想政治教育的高水平发展提供文化支撑和文化保障。

（二）中华优秀传统文化融入高校网络思想政治教育的遵循原则

习近平总书记发表的一系列重要论述和指示，对中华优秀传统文化的内涵、时代价值、创新发展等关键问题进行了全面阐述和部署。这为我们在研究和解读

中华优秀传统文化时提供了根本的指引，并为将中华优秀传统文化有机融入高校网络思想政治教育中提供了原则性方法。

1. 坚持与马克思主义教育相结合

习近平总书记在庆祝中国共产党成立100周年大会上发表的重要讲话中强调："要把马克思主义基本原理同中国具体实际相结合、同中华优秀传统文化相结合。"① 这是实现中华民族伟大复兴事业的重要途径，也就是说，我们需要将中华优秀传统文化与马克思主义基本原理相结合，并进行创造性转化和创新性发展。只有这样，才能使中华优秀传统文化发挥出巨大的作用。比如传统文化中的一些成语，其中都蕴含了深刻的思想。"世界大同""天下为公"说明了共产主义与社会主义之间的共通之处；"中庸之道""实事求是"说明了唯物主义思想在生活中的实践；"仁义礼智信"表现了人们日常生活中遵守的美好品质；"以人为本""天人合一"等思想蕴含着古人治国安邦的理念。以上这些例子都表明了马克思主义与中华优秀传统文化之间，有着不可分割的内在统一性。

总之，中华优秀传统文化与马克思主义真理是相通的，高校的一个重要课题就是探索如何将二者进行结合。我们需要深入探究中华优秀传统文化的思想精髓，其中蕴含着永恒的吸引力和现代价值。这有助于进一步将马克思主义在中国本土化并与时俱进。

2. 坚持与人才培养目标相结合

在高校中弘扬中华优秀传统文化，是"立德树人"这项根本任务的关键措施之一。我们必须深刻认识到，这种教育对于培养有用之才具有非常重要的作用。目前，一些大学已将传承中华优秀传统文化教育列为重要的人才培养措施之一，通过创新的教育模式或项目来实现。比如，长春中医药大学开创了"中华优秀传统文化滋养工程"，力求将传统文化教育与人才培养深度结合。他们努力促进中华优秀传统文化与教学、在线学习和校园环境的融合，打造了一个全方位、立体化的文化传承和创新系统，使传统文化成为学校发展的璀璨背景。

自2018年起，教育部积极推进传统文化传承基地建设，并注重发展音乐、美术、舞蹈、戏剧、戏曲、曲艺、手工技艺和传统体育等民族民间文化。此举促

---

① 习近平在庆祝中国共产党成立100周年大会上的重要讲话[EB/OL]. 光明网，（2022-07-02）[2023-10-30]. http://www.people.com.cn.

进了中华优秀传统文化与高校培养体系的深度融合，更有助于高校对人才的培养。高校应遵循党的教育方针和人才培养目标，将中华优秀传统文化的价值融入各个学科和专业的教学过程中，并以课堂教学为主要渠道进行传播。通过深入研究，同时建立系统化的传统文化课程体系，在遵循文化传承和教育规律的基础上，把课堂教学和课外活动、社会实践结合起来，从而推动教育教学改革，发挥高校的育人作用。

3. 坚持与网络文明建设相结合

网络空间是实现文化建设的重要渠道，高校应该重视校园网络文明和网络生态建设，引导思想，确保正确方向，注重文化熏陶，将中华优秀传统文化向网络空间扩展传播。在现代数字化时代，网络空间已成为一个全新的文化领域。借助数字技术，我们能够改善传统文化的传播方式，利用互联网的思维方式可以阐述中华传统文化的意义和深度，同时深入解读网络空间的价值观念。高校应当加强网络舆论平台的构建，这就需要更加重视在网络空间对中华优秀传统文化传承和弘扬，同时提高相关话题选择的主动性和灵活性。

例如，许多高校会运用官方网络平台宣传传统文化节日及二十四节气，还会选择受到广泛关注的文化话题，鼓励师生们参与网络文化创作，倡导良好的网络行为，以佳作滋润网络空间。这个行动将在维护健康网络环境和网络文化蓬勃发展方面相互促进，并构建了新的网络文明建设模式，为大学网络文明建设奠定了精神文明的基石。此举还有助于引领师生们树立尊重美德、恪守法纪的网络文明品格和网络行为准则。

（三）中华优秀传统文化融入高校网络思想政治教育路径构建

高校应该鼓励将中华优秀传统文化与网络思想政治教育融合在一起，以多层次、多角度的方式展现其作用，从而使其成为网络思想政治教育的重要组成部分。这种融合应该在高校中得到充分的呈现与推广，能够培养更多合格的青年人才。

1. 深刻阐发中华优秀传统文化时代价值

中华民族长期秉持的传统文化是我们在文化多元融合的世界中保持立场的基础，也是我们推进符合国情的马克思主义理论发展的重要支撑。首先，我们需要对中华文化的历史、发展和趋势进行更深入的研究，以更好地意识到传承和发扬中华传统文化对于服务党和国家事业、推进中国特色社会主义、培养教师和学生的民族和时代精神的重要作用。我们必须不断推崇和发扬传统文化中的团结、和平、勤劳、勇敢、自强等民族精神和爱国情感，增强民族自信心、自豪感。其次，我们应该根据高校办学的特点和实际情况，提炼出不同学校的独特之处，并致力于创造以中华优秀传统文化教育为特色的独特学科。此外，我们需要建立一个完善的理论逻辑体系和学术框架，以引导教师和学生更加自觉和自信地认识和理解我们的传统文化，激发他们的责任感和使命感，让他们为实现中国梦的民族复兴而努力。

2. 加强中华优秀传统文化数字资源转化利用

为了让中华优秀传统文化更好地融入日常生活，并适应现代社会的需求，高校应加强对这些文化资源的数字化建设和展示。我们需要汇集资源、确立目标，彻底发挥中华优秀传统文化教育资源的作用并积极开展数字化研发，以更好地发挥中华优秀传统文化在教育中的重要影响。其次，必须制订具体计划并创作出色的作品，以深入探究数字化传统文化作品在思想政治教育方面所带来的价值。我们需要不断推出一系列传统文化宣传教育的佳作，并在创作过程中注重内容的卓越性和价值理念的正确性，以及教育效果的出色表现。此外，要从高等教育的发展和现代化的角度入手，强调中华传统文化的精髓。最后，通过多种形式的融媒体传播，有助于打破传统文化领域的限制，同时可以展现更加多元化的文化内涵，从而吸引更多人的关注。这种方式可以促使中华优秀传统文化在传播过程中形成一种被人们普遍接受的共识思想。我们可以依托创新创业项目，建立产品转化团队，并利用本校及周边地区的传统文化资源，用专业技术如3D打印和激光雕刻等方法，创造出别具特色的文化创意产品，展示学校和地区的独特魅力。

3. 搭建中华优秀传统文化融媒体传承平台

随着融媒体不断发展，我们可以以更加灵活创新的方式来传承传统文化，同时融媒体的发展也为中华优秀传统文化的传播以及高校网络思想政治教育的创新提供全新的机遇。

首先，要充分利用融媒体的优势，在传播和宣传传统文化方面发挥其作用。通过高度可视化的形式增强沉浸感，采用多样化的传播方式增加吸引力，并实现教育个性化以满足不同需求。还应该进行传统文化产品生产流程的改良和再造，使传统文化产品通过融媒体的途径走向世界。

其次，我们需要强调设计，加强校园融媒体系统建设。通过建立一个强有力的校园主流媒体矩阵，依靠高校融媒体中心的支持来实现我们的目标。应用融合媒体技术，包括大数据、人工智能、虚拟现实等，将多种传播方式整合在一起，扩大传播范围，减少与观众间的时间和空间隔阂，从而汇聚共识，形成合作力。

最后，我们需要动员广大人民群众，通过融媒体参与各种社会实践，来推动中华优秀传统文化的传承。尤其要充分发挥高校师生的作用，使他们能够在高校开展的各种融媒体创作项目中大显身手。此外，还可以利用高校现有的教学设施，比如图书馆、博物馆等，大力开展宣传工作，营造良好的学习氛围。

4. 加强中华优秀传统文化网络课程建设

为了更好地借助中华优秀传统文化在网络时代对教育的引导作用，高校应积极更新网上思想教育的内容，并采用更加现代化的教学模式，如体验式、互动式以及沉浸式等方式，以辅助传统的课堂授课方式。这种方法有助于提升师生对中华优秀传统文化学习的兴趣和感知能力。

首先，为了推动综合教学，我们需要提升对教育平台的建设力度，使传统班级、现代班级、线上课程和线下课程之间能够相互配合。同时我们需要为学生提供更加丰富的学习内容，建立中华优秀传统文化活动的体验式和开放式的网络学习平台。通过创新教育模式，将原本只能在特定地点进行的传统教育活动转化为可在线上、立体、并且实时进行的教育形式，从而打破教育空间上的限制。

其次，我们要从重要知识点出发，有针对地对核心知识进行强化，充分利用教育的碎片化时间，持续进行教学。中国传统文化涵盖面广泛，因此每个人对其中的各种内容感兴趣的程度也会有所不同。所以，随着越来越多的人注重个性化学习方式，我们更加需要针对性地了解每名学习者的学习特点和偏好，有针对性地为每个人制订学习计划，以更符合他们的学习需求和个性化需求。这样一来，定制化学习就可以更加深入地融入学生的学习和教育过程中。需要注意的是，教学内容要简练明了。还可以运用微视频等多种形式，制作与中华优秀传统文化相关的教学资料。老师还需要根据不同的课程内容和学科专业方向来拍摄和制作微视频。每个微视频应该涵盖 1 到 2 个传统文化知识点，同时需要确保重点清晰明了，教学目标明确。中华优秀传统文化的微视频将在学校融媒体中心平台上持续发布，以更好地满足师生不同的学习需求，并提高传统文化内容的专业化和细致化程度。

最后，我们需要联结多个校区资源，以便创建信息资源共享平台，根据区域发展特色，建立相关特色课程，发挥区域品牌优势，还可以延伸开展网络课堂，帮助师生更好地学习。

5.建设高校网络思想政治教育工作队伍

我们需要建立一支优秀的工作队伍，目的是更好地宣传中华优秀传统文化，这也就是需要更多的优秀师生参与其中。首先，我们需要提高工作指导能力，建立相关工作小组和平台，鼓励欢迎那些有着互联网工作经验，或者对中华优秀传统文化感兴趣的师生参与进来。其次，我们需要增强员工的培训力度，集中力量传授传统文化、媒体运营、融合媒体产品转化和新媒体写作等方面的知识和技能。这样一来，我们便可以提高团队成员的网络媒体素养和他们传播优秀中华传统文化的能力。

再次，我们要完善相关机制，尤其是要建立好反馈渠道。比如校园中的"两微一端"，也就是微博、微信、APP，通过交流，及时反馈，使师生之间的沟通交流更加便捷。最后是充分发挥师生的个人优势，利用他们的专业特长，有力地推动传统文化的融媒体宣传。

第五章 高校思想政治教育与传统文化融合的实践路径

本章主要内容为高校思想政治教育与传统文化融合的实践路径探究，分为五部分内容，依次是营造良好的校园文化氛围，促进融合的深度与广度；加强教师队伍的培训，提高融合的质量与效果；引导学生自主学习，培养学生文化自觉与自信；结合各类社会实践，拓展融合的空间与时间；丰富国际交流合作，促进文化融合与发展。

第一节 营造良好的校园文化氛围，促进融合的深度与广度

高校思想政治教育是通过系统的活动来指导、改变和巩固学生思想观念的一种活动，同时也是实施立德树人教育的一项重要任务。所以，高校需要投入大量资源来建立高质量的教育环境，目的是提高思想政治教育的质量和效果，并且要把思想政治铸造民族灵魂融入素质教育的全过程。社会主义精神文明在学校中的体现就是校园文化，一所学校里育人环境的重要组成部分也是校园文化，校园办学软实力的体现还是校园文化。发掘学校校园文化中的传统文化资源，将之和思想政治教育相融合，这可以有效地促进思想政治教育更加深入发展。

一、校园文化的概念与功能

从严格定义上来看，校园文化的内容特指的是，为提高学生文化艺术修养、道德情操和审美情趣，并且能够丰富学生校园生活，而对学生进行的文化、艺术方面的审美教育，同时还组织各类学生校园活动，校园文化也就是指校园艺

术教育和学生课余文化活动。

从大的范围来看,校园文化是指在学校进行长时间的办学活动中形成的一个共同价值观、基本信仰和行为规范,目的是规范全体师生员工的精神态度,它主要包括学校的教育方针、培养目标、校风学风以及校园德育管理和文化艺术活动。

总之,校园文化包括的内容有学校的办学思想、价值观念、道德情感、传统文化、校园风气等,这些内容都代表了学校独有的人文精神和良好的文化氛围。它的功能作用有以下几点。

首先,它可以引领培育人才的目标。我国高校开展的校园文化活动有助于人才培养目标的实现,对全体师生进行爱国主义、集体主义和社会主义思想的教育,并且引导师生员工的世界观、人生观、价值观向着正确的方向发展,并追求高尚的品德,也就是追求真、善、美,保持积极向上、乐观开朗的人生态度,以达到教育目标的要求。

其次,校园文化具有感染和教化的作用。校园文化是学校师生员工追求理想和不断自我完善的体现,它对于师生的学习生活时时刻刻都产生着影响。良好的学习和生活环境、积极乐观的校园氛围以及奋发向上的学术风气,都对个人的心智成长和发展产生着潜移默化的作用。在这样的环境中生活,每个人都会不自觉地受到熏陶和感染,进而增强自信和自豪感,同时这样的环境还能促进人与人之间的关系更加和谐,并使人产生强大的凝聚力和集体意识。

再次,校园文化还具有规范管理的作用。学校的优秀传统与制度文化的精华都沉淀在校园文化中,这对学校的师生行为起到了很大的规范和约束作用。一方面,它通过已经规定好的规章制度,来对师生员工的行为进行规范和约束。另一方面,学校通过创造特定的环境和组织文化活动,对师生产生潜移默化的影响。这种影响在心理上激励每个人都要作出正确的选择,并且养成良好的行为习惯。

最后,校园文化具有传承、融合和创新文化的作用。现代高校里的大学生不仅需要传承文化、研究文化、融合文化和创新文化,还需要在这种传承发扬传统文化之中,使其与校园文化相结合,并成为推动社会文化前进和发展的重要"内核"和杠杆。

二、校园文化建设与高校思想政治教育的融合问题

（一）校园文化建设与思想政治教育目标协同不足

目前，高校在安排思想政治教育工作时，其教育内容存在一些与学生成长实际脱节的做法。

高校思想政治工作是需要和校内的文化活动以及其他渠道、环节互相配合的，并形成一个复杂而系统的整体，来共同发挥作用。在高校思想政治教育中，校园文化扮演着不可替代的角色。在校园文化活动中融入思想政治教育，并组织相关的教学活动，有助于提升学生的学习效果。但在实际运用中，还是会受到一些条件的限制和多方面因素的影响。这就会出现思想政治教育活动和校园文化活动不能共同发挥作用的情况，也会使思政教育模块优化不到位，教育效果减弱。这主要归因于部分学校忽略了思想政治教育对学生未来发展的重要影响，而更偏向于培养专业人才。在推进校园文化建设时，人们往往不能够深刻领会其本质内涵。由于其过程中的严重拖延，高校思想政治教育未能很好地吸收和利用校园文化，从而未能发挥其应有的价值和作用。

同时，在推行思想政治教育活动时，教师一般会要求学生记忆相关知识，但没有相关的考核标准来评估他们在校园文化实践方面的能力。在这种情况下，学生没有意识到校园文化的重要性，并且在学习时还出现了错误的认知。他们不能充分了解校园文化对于未来发展的重要指引作用，这也会使得高校的思政教育工作不能跟上时代的步伐，使学生的学习受到了较为严重的影响。

（二）校园文化建设与思想政治教育功能呈现失衡

现在，很多高校都致力于提倡"校园文化"，并积极推进校园文化建设。常见的方法是以学生为核心，定期组织各种主题文化活动，以此达到培养学生校园文化的效果。在这种传统思维的框架下，校园文化活动和思想政治教育之间缺乏紧密联系。学生未能在校园文化活动中充分接触到思想政治教育的理论知识和内涵，同时，在开展校园文化活动时，高校还缺乏对思想政治教育观念意识与行为要求的融合与吸收。这造成了一些不平衡，即过于强调物质方面的发展，而对精神方面的重视不足。同时，在培养学生信仰和修养方面，校园文化活动的作用未

能得到充分发挥。

高校思想政治教育的目标是通过与实践活动相结合，帮助学生解决学习中的问题，并提供理论知识的指导，让学生能够在实际生活中应对挑战，作出明智决策，从而实现思想政治教育的育人目标。然而，高校在进行思想政治教育活动时，通常只是流于表面，并没有真正考虑到学生的实际情况。

进行高校思想政治教育的主要渠道就是思政课堂，在思政课堂的实施过程中，主导者是思政课教师，教师对授课资源是否能够充分利用，这是思政课教育能否取得成效的关键性因素。在当前的高校思政课教育中，思想政治理论课教师对校园文化的理解程度不够深刻，这就使得他们在很大程度上缺少举办校园文化活动的经验，不能深刻认识到校园文化活动的育人功能的重要作用。

因此，思政课教师在主观上就不能充分利用校园文化活动资源来进行持久的思想政治教育活动，而是要通过主题教育、主题班会、主题参观等各种丰富多样的活动来潜移默化地教育学生。在融合校园文化的过程中，重点不仅仅是提供理论知识，而是注重优化实践教学活动。此外，学生还会受到各种主流和非主流文化的影响，这些都是学生思想观念发展过程中遇到的多种文化影响因素。如果不能针对学生面临的实际问题进行有效的思想政治教育，则可能会导致学生形成错误的价值观，并且也限制了校园文化本身的影响力。在这种情况下，思想政治教育可能会变得过于追求形式，在校园文化建设和思想政治教育的功能之间可能会出现失衡。

三、在校园文化中渗透传统文化思想政治教育内容

（一）在重视校园基础设施建设中融入优秀传统文化元素

环境对人的影响是潜移默化的，校园文化作为学生在大学期间接触最多的环境，对大学生的教育意义不言而喻。校园文化也是高校思想政治教育的重要载体，在高校传统文化教育的过程中发挥着重要的作用。加强高校校园文化建设，将传统文化融入校园文化中是高校传统文化教育取得成功的重要保证。校园基础设施建设属于校园物质文化范畴，即校园的建筑风格、布局式样等，是最能直观体现校园文化的部分。

首先，可以在学校教学楼、寝室等校园主体建筑中加入与传统文化有关的元素，如可以选取一两座教学楼，将其建成中式风格，作为传统文化教育基地，使学生可以从中国传统的建筑风格中感受传统文化所具有的创造力和想象力。可以将寝室的内部结构装修成中国传统风格，提供给对传统文化感兴趣的同学。其次，可以在校园的景观环境建设中通过对建筑、人文、植物三方面的合理布局，来体现中华传统文化"天人合一"的和谐自然观。可以在校园中雕刻一些中国古代历史人物的雕像，如教育家孔子、爱国将领岳飞等。还可以建造一些具有传统文化气息的景观，如亭子、长廊等，在这些建筑的内部，可以采用中华传统文化的元素。最后，在教学楼或寝室楼楼道的墙上或是校园的宣传栏中可以添加传统文化的名人事迹，或名人名言，从而将传统文化的元素融入校园的每一个角落。

（二）校园文化建设与思想政治教育意识存在盲区

我国高校之间的差异主要表现在办学水平、办学特色、学生规模和人才培养方面，这也就导致校园文化和思想政治教育在协同育人方面存在较大的差异。同时还会出现各种不协调的问题，比如各方主体与学生教学科研环节相脱离或与"大思政"系统衔接不上等情况。这反映出长期以来高校对学生的思想政治工作给予的关注度不够，还缺乏多方协同育人的意识。由于校园文化活动缺乏相关的思想引导，各方利益相关者难以协调共同行动，导致学生思想政治教育的焦点由"培养"转为"散养"。另外，因为缺少有效的互动教育机制和沟通平台，所以实际工作时教师员工与学生之间的联系不够密切，缺乏实质性的互动。因此，使得思想政治教育和校园文化建设之间就存在许多空白地带，使得思想政治教育和校园文化建设未能全面育人。因此，我们需要探索一种多元化、良好运作的管控机制，以弥补这些空白地带，实现全方位的育人。

（三）重视开展与优秀传统文化相关的各项学生活动

校园活动可以丰富学生的生活，给学生提供一个展示自我风采、结交更多新朋友的机会。学生在活动中可以学到各种知识，可以培养自己的团队协作能力、沟通和交流能力，磨炼自己的意志。

高校思想政治教育在这方面已经取得了显著进步。高校传统文化教育同样应该加强对校园活动这种教育方式的利用，调动和激发学生学习传统文化的动力。

一方面，中国的许多节日都是在传统文化影响下形成的，学校可以以传统文化节日为切入点，开展有关传统文化的纪念活动，使学生们了解各个传统佳节的由来，学习其中的传统文化知识，从而加深对节日的理解。还可以开设国学系列讲座，邀请传统文化研究方面的专家和学者到学校为学生和教师进行传统文化内容的讲解，与学生们近距离地接触和交流。学校可以举办传统文化演讲比赛、知识竞赛等活动，使学生在活动中感受传统文化，学习传统文化。另一方面，学校可以举办各种文艺演出，排演传统文化内容的话剧、歌舞剧等。同时，还应该不定期地带领学生走出校园，参观历史博物馆、文化古迹，实际感受传统文化的无穷魅力。

（四）重视将中华优秀传统文化的思想渗透在其他学科中

作为哲学中的一个分支，方法论探讨的是解决问题和思考问题的途径和方法，也可以被视作开启理解问题和找到解决问题之门的关键。随着社会的进步，高校教育不仅需要培养高素质的人才，还需要为市场提供拥有高水平专业技能的人才。这种市场需求对高校产生了压力，促使其进行改革。实现复合型人才的培养需要个体在专业知识上进行深入学习，夯实基础，又要求其对其他学科触类旁通。教师并不应将思想政治教育彻底强制施加在思想教育课上，而是应该在各种学科间协同合作，以思想政治教育课为主导，其他学科作辅助，将思想政治教育真正地融入学生的学习和生活的方方面面。

第二节　加强教师队伍的培训，提高融合的质量与效果

习近平总书记在学校思想政治理论课教师座谈会上强调："办好思想政治理论课关键在教师，要求思政课教师要做到政治要强、情怀要深、思维要新、视野要广、自律要严、人格要正，才能贯彻党的教育方针，给学生心灵埋下真善美的种子，引导学生扣好人生第一粒扣子。"[1]这六点要求，相辅相成、互相促进，其中，"视野要广"有着其基础性意义。思想政治理论课教师具备中华优秀传统文化的视野，则是其中的应有之义。

---

[1] 习近平：用新时代中国特色社会主义思想铸魂育人 贯彻党的教育方针落实立德树人根本任务[EB/OL].人民网，（2019-03-19）[2023-10-30].http://www.people.com.cn.

教育肩负着传承民族文化传统的重要使命，这是由教育的内在基本规律所决定的。此外，教育对民族文化传统的传承效果，是与国家与民族的发展、命运、未来紧密联系在一起的，在这一活动中，教师所扮演的角色是无比重要的。在大学校园中，高校思政课教师与高校辅导员在教育教学活动中的任务有着明显不同，但是他们所面对的对象都是学生。高校思政课教师与高校辅导员对大学生开展思想政治教育，需要从多个方面入手，比如心理教育、思想政治课程、实践活动指导，等等。这不仅是高校思想政治教育的基本要求，同时也是高校深入推进协同育人要求的具体举措。新时代在进行思想政治课程教育的过程中，要充分结合中华优秀传统文化。这是因为将中华优秀传统文化与高校思想政治教育有机结合，可以更大限度地提高思想政治的教育效果。对于高校辅导员而言，要在自己管理的班级中，对学生当前存在的思想政治问题进行深入分析。聚焦问题之后，在提出策略的时候，要注重策略的针对性、可操作性，只有这样才能更好地实现思想政治教育的教育目标，实现学生的全面发展。

一、思想政治理论课教师在优秀传统文化教育活动中的作用

在高校思想政治教育的实践活动实施过程中，思想政治理论课教师发挥着不可取代的作用。

（一）思想政治理论课教师是优秀传统文化课堂教学活动的实施者

在课堂教学中，"以爱国主义教育为重点，深入进行弘扬和培育民族精神教育，深入开展中华民族优良传统和中国革命传统教育"[①]，是帮助大学生树立正确的世界观、人生观、价值观的主要内容。当然，在这样的一个过程里，大学生并不是孤立的个体，毕竟就教育而言，是需要教师和学生一起来努力完成的。师生协同努力，才能建构起知识体系，形成良好的品德，教师在其中是主导者，是中华传统文化的梳理者和传授者。

对大学生开展思想政治教育重要工作的要求是，要形成大学生良好的道德规

---

① 中共中央国务院关于进一步加强和改进大学生思想政治教育的意见[EB/OL].中华人民共和国中央人民政府网，（2017-02-27）[2023-10-30]https://www.gov.cn/xinwen/2017-02/27/content_5182502.htm.

范，其中具体要求是让大学生具有强烈的爱国主义精神，遵守国家的法律法规，树立团结友爱的意识，形成艰苦奋斗、勤劳奉献的精神。为此，大学生要以集体主义作为自己想问题、办事情的基本原则，在自己的日常生活中坚持诚实守信，不仅要具备良好的社会公德，还要具有职业道德与家庭美德。大学生要在自己的生活中积极开展思想道德的实践活动，要将"知"与"行"紧密结合起来。大学生只有做到"知行合一"才能在实践过程中实现良好的理想目标。这是思想政治教育与继承中华优秀传统文化的重要要求。在这个过程中，教师所扮演的角色是无比重要的，由于教师有着十分成熟的思想政治意识，因此他们要在学生的实践中给予学生必要的指导，但是值得注意的是，仅仅有语言上的指导是不够的，教师的"身教"也是十分关键的，教师只有破除僵化保守的意识，坚持教育创新，摒弃照本宣科，才能真正实现良好的思想政治教育效果。

（二）思想政治理论课教师是优秀传统文化教育方向的引领者

大学生良好的"三观"培育是高校思想政治教育工作开展的重要方向。在高校中，在开展思想政治教育的过程中，充分融入中华优秀传统文化是十分必要的，同时这也符合我国社会主义现代化建设的要求。中华优秀传统文化是社会主义现代化持续推进的历史基础，倘若没有在现代化推进的过程中传承中华优秀传统文化，那么就会严重阻碍社会主义现代化进程。思想政治理论课教师要首先对中华传统文化的内容进行充分吸收与消化，才能更好地在思想政治教育中进行融合应用，这样一来，不仅能够完美地契合高校思想政治教育的基本目标，还能够对我国的教育方针、政策进行有效的落实。

思想政治理论课教师在对学生开展中华传统文化的教育过程中，要对其进行充分的筛选，因为这些传统文化中，有的是适合当前时代发展的，而有些已经失去了其存在的社会价值，是需要摒弃的。由此可见注重中华优秀传统文化教育的思想性与方向性是开展这项教育工作的重要考量。例如，崇德利用的思想在我国的传统思想文化体系中有着重要的地位。这一思想强调个人道德修养与社会道德教化的兼顾，它十分崇尚道义节操。个人以这种思想作为自己的行事准则是有益处的，因为在这种思想的指引下，个人能够对自己所面临的各种人际关系进行妥善处理，也能帮助个人实现更大的自我发展。但是这一思想也存在着一些不足与缺陷，这主要表现在，这一思想把个人自我修养的完善作为国家治理的主要原则，这样一来就过于强调在国家与社会发展中个人修养的作用，对于个人道德修养推动国家发展的作用存在理想化的误区。秉持这种思想的人，很多时候会盲目地把国家治理完全寄托在某一个人或一部分人的道德修养之上。

对于中华民族而言，中华优秀传统文化是其精神血脉与历史基础，对于我们每一个中华儿女而言，中华优秀传统文化也是我们的"根"之所在。思想政治教师对大学生开展中华优秀传统文化的教育活动，可以使得学生们对自己炎黄子孙、中华儿女的身份充满自豪感。在当前，西方国家对中国不断进行资产阶级享乐、腐朽文化的渗透，思政课教师对大学生开展中华优秀传统文化的教育活动，也能有效抵制这种消极思想的侵扰。思想政治理论课在向学生讲述中华优秀传统文化的内容时，如果能够充分结合当前我国社会的发展状况，那么就能使得中华优秀传统文化的教育活动始终沿着社会主义方向发展。

（三）思想政治理论课教师是校园优秀传统文化建设的引导者

中华传统文化好像一座无穷无尽的巨大冰山，在课堂上对学生开展这项内容的教学仅仅是对这座冰山的一小部分进行开采。一些课外活动形式也是学生获取中华优秀传统文化的重要方式与途径。大学生在刚接触中华优秀传统文化时，其中的相关知识信息并没有对他们产生实质性的影响，这主要是因为，这些学生还对这些知识信息欠缺更为深入的理解。假如学生将自己所掌握的这些信息与其形式进行有机结合，如高校开展的各类讲座、实践活动，就能让参与的学生接受，在这种接受的过程中，他们的认知就可能得到重新构建。也就是在这样的构建之后，原本那些以信息形式出现的知识才会内化为大学生脑海中的知识图像。这些知识图像一旦建立起来，就可能真正作用于每个大学生个体，对他们的思想、品德、意识形成影响。

在这样一个过程中，我们可以看到，原始的一些有用信息，以及与之有联系的背景活动是让大学生认知图像形成的关键因素。所以，在校园内外开展传统文化活动是传统文化普及的重要途径，各个高校应该引起必要的重视，并形成新的教育方向。思想政治理论课教师更是其中的重要设计者，各种学术、科技体育、辩论赛都可以进行，将德智体美劳各项教育有机结合起来，将教育寓于活动之中，主旨是让大学生们接受并热爱中华传统文化，形成符合中国社会主义建设发展方向的思想品德修养。

二、思想政治理论课教师应具备的基本素质与能力

（一）提高对思想政治教育的认识

高校思想政治教育肩负的任务就是树立大学生正确的人生观、世界观和价值观，提高大学生的道德修养、文化素养。它对于大学生将来走上工作岗位，成为国家和社会需要的人才极为重要。特别值得指出的是，我国当前高校中普遍存在重智育轻德育的情况，而高校思想政治教育更加突出的应是对大学生正确的人生观、世界观和价值观的培养。

我国现在的各个高校，有比较突出的重视理工科而轻视文科的现象，思想政治教育课也在很多学校并不受到重视。思想政治教育中，也存在重视马克思主义理论而忽视思想品德修养的课程。在有些高校中，不仅是学校不重视这种情况，就是担任思想政治课教学的教师也不重视，只将其作为一般的教学任务来看待。这些问题显然是各高校和思想政治课教师的认识不足造成的。甚至有些高校不具备成体系的思想政治课程，高校中没有专门的教室，配置的教师也特别少。有的高校由于找不到合适的教师，思想政治课不得不以大课的形式来上，一堂课中几个专业的学生坐在一起，甚至几个系的学生坐在一起。在这样的课堂中，一来学生不能有效地理解思想政治课的知识，二来也影响了教师和学生之间的互动交流，教师根本不可能了解到学生个体的思想政治需求，不能准确地确定授课策略，只能用大而全的方式进行授课，学生能不能接受基本不知道。同时，这样的大课形式，课堂秩序也很差，不愿意听讲的学生会通过各种小动作的方式排斥听课，教师也不能有效维持秩序。种种情况下，思想政治课就达不到本身的教育目的，而且它的威信也会受到很大的影响。还有的高校在没有专门思想政治课教师的情况下，仅用学校党委成员或各系书记来授课，这是很难做到理论联系实际的，效果自然就会大打折扣了。

（二）增强思想政治理论课程的实效性和针对性

中国共产党非常重视高校的思想政治课程建设，提出了一系列的指导方针和

政策，这些对于高校思想政治课教师来说是很大的利好。新课程方案的实施，主要依靠教师。因此高校思想政治教育工作者要努力提高自己的思想认识，要以高尚的职业素养和人格精神，全心全意地投入高校思想政治教育工作中去，并结合学生的实际情况，进行有针对性的改善和创新，积极增强思想政治教育对学生的影响力。

要以高度的责任感、紧迫感和使命感，把加强和改进高校思想政治理论课作为一项重大而紧迫的政治任务，切实抓紧抓好。高校思想政治理论课的教师一定要有高度的责任意识，要把中央精神很好地贯彻下去，体现在自己的责任意识和职业素养上来，要和中央部署的高校思想政治理论课程设置新方案接轨，要认真研读中共中央对于教材编写和审定的精神，尽快熟悉和掌握新课程的教学目的和基本要求，在各方面让自己保证授课的质量，要有一种全身心投入的精神，绝不能马虎应对。高校思想政治理论课的教师要认识到，做好思想政治教育工作不仅是对学生负责，对自己负责，也是对整个国家和民族负责。

要切实提高自身素质，真正成为大学生健康成长的指导者和引路人。思想政治理论课是为了提高大学生的思想素质和道德修养而开发的，思想政治理论课教师要让学生有一定的道德素养，那自己首先就必须成为一个有着高尚道德素养的人。思想政治理论课教师本身的言行、思想对大学生是有着很大影响的，本人有着高尚的道德素养，学生才可能产生同样高尚的道德素养。反之，思想政治课教师任何一点道德修养上的小缺陷，都可能会给学生造成不可估量的影响。因此，高校思想政治课教师一定要努力提高自己的思想道德素质，平时的实践活动要符合思想政治教育的精神和主旨，只要是要求学生做到的，自己就要首先做到。

"喊破嗓子，不如作出样子。"榜样的力量是无穷的。思想政治课教师要以身作则，自己带好头，才会在学生中间形成良好的风气。思想政治课教师要知道，自己的一言一行、一举一动，都有着重要的示范和引导作用，因此必须做到真正有修养，讲道德，并且把这当成一种责任，绝不违反。这在中华传统文化中的体现也颇深。清代著名思想家顾炎武慨叹："海内人师少，中原世运屯。"[1] 顾炎武认为，国家之所以出现了危难，同注重"言传身教"的教师很稀少是有直接关系的。

---

[1] 赠孙徵君奇逢 [EB/OL]. 古诗词网，[2023-10-30].https://shici.com.cn/poet/0x271d0c2.

所有这些都说明教师"言传身教"、教师"带头垂范"的重要性。高校思想政治课教师是大学生思想政治教育的领路人，只有自己的功夫做扎实了，才能在思想政治方面教育好学生。为此，本书总结了高校思想政治课教师应该具备的几项素质。

（1）要有过硬的思想政治素质

高校思想政治课教师的思想政治素质要过硬，要坚持党的基本路线和方针政策，自己要在言行和精神上同党中央的精神保持一致。教师还要经常关心国内国际的形势，并且知道运用马克思主义去对变化的形势作出分析和判断。教师只有自己具备过硬的思想政治素质，才能真正承担起大学生思想政治教育领路人的角色，帮助大学生从不正确的思想认识中解放出来，树立起正确的世界观、人生观和价值观。

（2）要有良好的职业道德素质

任何职业都需要一种态度，而态度端不端正是直接影响一份职业能不能顺利完成的。高校思想政治课教师在任何时候都要想道："做好工作是你的责任，做不好工作是你的失职"。同时，教师也要对工作充满信心，满怀激情地投入教育中去，用自己的激情去感染学生，让学生能够脚踏实地地做人做事。高校思想政治课教师除了是教师的身份外，还应该和学生打成一片，成为学生的"益友"，在学生有困难时能够帮助学生，在学生迷茫时能够指导学生，在学生有疑惑时及时给予学生解答，成为学生成才的真正指路者。

（3）要有丰厚的理论业务素质

现在是一个知识经济的时代，高校思想政治课教师要教好学生，就要懂得"打铁还需自身硬"的道理，自己要做到与时俱进，紧跟时代潮流，思维不能过于保守僵化，要随着事物的变化更新自己的观念。现在的大学生，他们的思想比以往任何时候都要开放，这就需要高校思想政治课教师更加注重对自己思想的解放，不能囿于传统的一些观念，要积极地去了解学生的新思维、新方法，并进行积极应对，这样才能寻得和大学生们交流的共同语言，也才能更好地进行思想政治教学和实践活动。同时，教师也必须学习新的思想理论、教育理念，用新的理论和理念来提高自己的教育功底，从而探索出新形势下适合的教育途径或方法，为高校思想政治课的新局面打下基础。

（4）要有与时俱进的创新素质

现在的社会发展很快，有些思想政治课教师总是固守着传统的观念、传统的教法，而不知道创新，这是不行的。在实际的工作中，我们可以发现，平时我们不能创新，不敢创新，多半是因为我们从惯性思维出发，结果让自己顾虑重重。但如果我们把同样的问题换一个方向来考虑，就会发现有很多新的机会在等着我们去大显身手。所以爱因斯坦说："把一个旧的问题从新的角度来看，这完全是成就科学进步的主因。"[①] 所以，我们平时在思想政治教育中要注重创新，不要死板地去看一个问题，要懂得不停地变换思考的角度。在高校思想政治教育的创新中，首先要深入研究马克思主义的原理，要认真领会马克思主义的基本立场、观点和方法，同时又要结合当前我国发展的基本情况，两相结合，作出高校思想政治教育最新的阐释。遇到问题时，要经常问自己"为什么"，并且梳理出之前出问题的原因。这样做，不仅是给旧有的想法一个机会，也是一种重新思考、重新整理的过程。在这个过程中，就可能勾勒出创造性的思想政治教育方法。

三、思想政治理论课教师传统文化素养培训提升策略

高校思想政治课程教师在实现自我传统文化素养的提升过程中，要不断坚持对社会主义的"四个自信"，并且在教学实践中，还要不断探索创新路径。问题解决与课程理论创新对于高校思想政治课程教育有着重要的价值与意义，要实现中华优秀传统文化与高校思想政治教育的有机结合。

第一，高校思想政治课程教师要在教学活动中，首先要自己对中华优秀传统文化有深入的理解与体悟，这是教师作为"传道者"被给予的要求。因为只有教师自己对中华优秀传统文化进行深入的体会，才能使自身形成良好的传统文化素质，才能在思想政治教育工作中实现优秀传统文化的有机融入。当前，很多高校教师在思想上，对中华优秀传统文化的资源性与政治价值有着强烈的认同，但是在实际思想政治教育中，他们想要充分阐述中华优秀传统文化的内容还存在着明显的困难，这主要是因为，很多教师在自身的思维结构、知识体系、生活经验等方面还存在明显的不足。也正是因为以上情况的存在，高校思想政治课程教师在

---

① 文博. 卡耐基励志经典全集 [M]. 呼和浩特：远方出版社，2011.

进行传统文化知识材料的讲述中往往会出现明显的困惑。习近平总书记强调："要讲清楚每个国家和民族的历史传统、文化积淀、基本国情不同，其发展道路必然有着自己的特点；讲清楚中华文化积淀着中华民族最深沉的精神追求，是中华民族生生不息、发展壮大的丰厚滋养；讲清楚中华优秀传统文化是中华民族的突出优势，是我们最深厚的文化软实力；讲清楚中国特色社会主义植根于中华文化沃土、反映中国人民意愿、适应中国和时代发展进步要求，有着深厚历史渊源和广泛现实基础。"①

习近平总书记所提出的"四个讲清楚"，对于高校思想政治课程教师全面提升自身的传统文化素养有着重要的指示性。高校思想政治课程教师要在日常工作和生活中广泛学习传统文化中的名言警句，深入了解神话典故，对于这些内容仅有了解是远远不够的，教师还要把握这些内容背后的文化内涵与精神价值。思想政治课程教师不仅要掌握文化、理论、学科方面的知识，具备良好的政治素养，还要不断提升自身对中华优秀传统文化内涵的理解能力，只有这样才能使得大学生拥有更好的学习体验。

第二，在中华优秀传统文化内容中，自省自修是十分重要的内容范畴，这一内容与高校思想政治教育的本质是具有一致性的，具体来说，就是高校思想政治教师要在自己的生活实践中去践行。高校思想政治课教师要在教学过程中始终坚持自我道德的建设，只有以身作则，才能使得学生在学习中更好地形成良好价值判断的能力，才能使得学生更加坚定社会主义的信仰选择。高校思想政治课教师只有在坚持自我完善的基础上，不断强化自己中华优秀传统文化的基本素养，才能在教学活动中给学生呈现出良好的道德形象，学生也会在教师的道德示范下不断成长。

第三，高校思想政治教师要在教学中不断坚持教学创新。教师加强自身对传统文化的学习并积极开展相关实践是必要的，此外，教师更应该注重将优秀传统文化与思想政治课程体系实现有机结合。教师要对学生的需求进行充分了解，选择更为适宜的教学方法，对教学内容进行有针对性的调整与确定，这才能更好地实现对课程的设计。

---

① 习近平. 胸怀大局把握大势着眼大事，努力把宣传思想工作做得更好[N]. 人民日报，2013-08-21（1）.

大学生经过长时间的学习，他们不仅对陌生知识的自学能力有了充分的提升，而且他们也逐渐形成了理性认识。假如教师在思想政治教学工作中，对这些大学生仍然像高中时期那样进行浅显知识的讲解，或者进行枯燥的理论阐述，那么会使得这些学生难以提起对学习的兴趣，也就无法实现高校思想政治的教学目的。在当前的教学工作中，很多教师更注重理论知识的讲授，但是对一些精神内涵的解读相对欠缺。对学生进行优秀传统文化的教学中，无论是讲解还是考核都更注重学生对知识点本身的了解与掌握。这就使得学生难以把握这些优秀传统文化背后的民族精神与人文价值。

传统的教学方法很多时候并不适于当前大学生的学习，而一些文化体验教学方法，对于外在教学条件又有着较高的要求，因此教师在教学工作中，只能依据现有的条件进行适当的教学方法创新。比如，可以采取启发式的教学方法，这种教学方法能够鼓励学生对优秀传统文化的知识内容进行充分讨论，教师能够以一种平和的语气与学生进行交际与沟通，帮助学生对一些优秀传统文化的内涵进行理解。

大学校园与社会之间还是存在着较为明显的"分离"，因此大学生开展思想政治实践存在着一定的困难。而高校思想政治课教师可以通过自己的教学活动对学生实践的欠缺性进行一定程度的弥补，从而尽可能缩小理论与实践之间的鸿沟。教师要对社会的一些热点问题充分了解，并把这些热点问题放到课堂上供学生讨论，在这个过程中，教师对学生进行正确的引导，从而使得学生在不自觉中形成良好价值观的构建。

高校思想政治课教师在教学中，不仅要将中华优秀传统文化作为重要的教学资源，还要对这些教学资源进行时代精神的熔铸，从而使得这些传统内容更适合我国现代社会的发展。各个高校思想政治课教师要积极开展合作，相互交流教学经验，共同探讨中华优秀传统文化的教学方式。思想政治课教师要摒弃之前在教学活动中存在的随意性，在进行中华优秀传统文化的教学中，要注重整体性与系统性的要求。中华优秀传统文化是一个浑融的体系，在教学中任何割裂性的行为，都不利于学生从整体上把握中华优秀传统文化的基本面貌，导致学生对这些知识一知半解。高校思想政治教师在讲述中华优秀传统文化的过程中，不仅要注重知识讲述的内在逻辑性，而且也要兼顾这些知识思想性的展现，也要注重政治性的表达。高校思想政治的教研团队，要充分注重开展各种案例研讨会议。在会议上，教师们要注重对良好教学经验进行分享，还要表达自身在教学中存在的一些问题。高校要定期邀请一些在中华优秀传统文化领域有着极高成就的专家学者，为本校思想政治教师提供必要的教学指导。高校要鼓励思想政治教师在教学工作中坚持基本教学内容的同时，形成独具特色的教学方式，将自身的优势充分发挥，最终使得教学更具个性化的特点。

四、辅导员在优秀传统文化融入思想政治教育中的作用

（一）提升班级管理乐趣

辅导员在开展思想政治教育的过程中，充分融合优秀传统文化的内容，可以使得班级的气氛变得活跃，提高大学生的学习兴趣，从而更加便于辅导员对班级开展管理工作。辅导员在给学生讲述一些传统文化知识的时候，可以充分利用多媒体的技术手段，从而使得学生在观看动画电影等形式中感受传统文化的精神魅力，这样一来，就可以使得学生更愿意融入教师的教学活动，提升学生参与思想政治学习的乐趣。辅导员开展的班级管理工作本身就是一个相对沉闷的活动，因此在这个比较枯燥的活动中，融入了中华优秀传统文化的元素，就能使得这种枯燥的活动焕发出很大的生机，也有利于学生积极配合辅导员的管理工作，促进班级良好凝聚力的展现。

（二）丰富学生传统文化知识

在思想政治教育中融入优秀传统文化的内容可以促进学生对传统文化知识的了解，帮助学生提升个人素质，也能促进我国文化的发展。学生在思想政治的学习中把握优秀传统文化知识，有助于促进学生个人能力的多样化发展。辅导员在对学生进行思想政治教育时，带领学生体会中华五千多年的历史文化脉络，让学生感受我们每一个时期的文化传统。辅导员在思想政治教育中融入中华优秀传统文化的内容，可以实现教育的双重性，不仅能让学生提升自身的思想道德水平，还能提升学生的历史文化知识水平。

（三）潜移默化提升学生品质

在我国传统文化中有许多千百年来被人们所称颂的英雄故事，这些故事中体现的高尚道德可以为大学生提供良好的示范作用。比如，岳飞精忠报国的故事就是很好的范例。虽然经过了几百年历史，但是我们仍然能够在故事中感受到岳飞强烈的爱国主义情感，也能被他视死如归的英雄气概所鼓舞。大学生处于人生的关键时期，这个时期是大学生全面形成自我价值观念的重要阶段，大学生的思想境界也需要在这个时期得到提升。因此辅导员在思想政治教育中渗透传统文化中的英雄事迹就可以提升学生的精神品质，并且还能让学生在感受这些历史人物事迹的过程中，形成自我约束与自我追求，不断实现自我的更大发展。我国优秀的传统文化需要一代接一代地传承下去，在思想政治教育中融入中华优秀传统文化，不仅可以很好地完成这种传承任务，还能在潜移默化中提升学生的品质，可见这项工作具有极为重要的意义。

（四）培养学生爱国情怀

在中华优秀传统文化中，爱国主义是重要的精神内核，同时爱国主义也符合中国特色社会主义核心价值观的基本要求。当前，我国综合国力不断发展、提升，这也为我们提供了一个极为和平的环境，在这种和平的环境下，学生更需要不断提升自身的爱国情怀。辅导员在开展思想政治教育的过程中，要让学生受到中华优秀传统文化的良好熏陶，从而使得学生自觉培育自己的爱国主义情怀。学生爱国情怀的提升有利于学生在毕业之后不断为国家发展作出自己的贡献，这也符合高校辅导员思想政治教育工作的开展方向。

（五）增强班级凝聚力

辅导员是班级的管理者，因此对于辅导员来说，如何更好地管理班级是其主要思考的问题。此外，只有形成良好的班级管理氛围，才能促进班级实现更大的进步。高校辅导员在开展思想政治教育过程中，通过不断融入优秀传统文化的内容，可以让学生不断提升对班级的认同感，从而实现班级凝聚力的提升。一个班级呈现出良好的凝聚力，那么对于辅导员来说，便更加方便开展班级管理工作。

五、辅导员对于优秀传统文化融入思想政治教育的认识及改进

（一）问题分析

近些年来，高校辅导员的思想政治教育工作取得了较为明显的进展，我国高校思想政治教育的整体水平也有了实质性的提高，但是需要指出的是，尽管我们当前取得了一些进步，辅导员的思想政治教育工作还存在一些不够完善的地方。

1. 辅导员的班级管理内容选择不完善

在当前，辅导员在思想政治教育中，有意识融入中华优秀传统文化，但是很多时候，辅导员所选择的中华优秀传统文化内容与班级管理内容不是十分匹配。这种管理内容选择上的不完善，在一定程度上制约着辅导员的思想政治教育工作成效。

2. 班级管理设计环节存在问题

辅导员在开展班级管理的工作时，较好地注重了班级管理方式的多样化，但是在一些环节的设计上还存在一些问题，比如有的辅导员在开展思想政治教育过程中，不重视教案的设计工作，这就使得班级管理存在很大的随意性，有时在思想政治教育中融入了中华优秀传统文化的内容，但是由于缺乏有效的设计，就使得整个管理工作显得十分拖沓。

3. 学生在班级管理中的体验感不强

辅导员在开展思想政治教育时，虽然也注意了添加中华优秀传统文化的元素，但是在对这些内容讲述的过程中，还是一味地坚持传统的班级管理方式，对于学生主体性的激发还存在明显的不足，这样一来，学生就无法真正感受到优秀传统文化的巨大魅力，导致学生在班级中缺乏良好的参与感与体验感。

（二）改进建议

1. 完善和健全班级管理内容

班级管理内容的细化与完善对教师开展思想政治教育有着重要的作用。教师将优秀传统文化的元素充分渗透到思想政治教育中，要对这些文化元素进行甄别、抉择，这些优秀传统文化的元素要符合教师开展思想政治教育、进行班级管理的基本目标，同时要与学生的兴趣尽可能地保持一致，因此辅导员要在科学、合理

的原则下进行相关内容的挑选。辅导员将优秀传统文化融入思想政治教育中，要注重"配方科学、工艺精湛、包装时尚"。在班级思想政治教育中，要将中华优秀传统文化紧紧围绕思想政治教育的基本主题，在班级管理中，不能天马行空，而要言之有物。在思想政治教育中融入中华优秀传统文化时，要与当前时代紧密结合，使其具有鲜明的时代内涵。

2. 优化班级管理设计的环节

辅导员在进行班级管理时，要注重对其中的环节进行细致的优化与设计，要使得相关管理工作体现合理化的原则，同时还要体现一定的趣味性。辅导员在给学生们进行优秀传统文化的讲解时，不仅仅要讲述一些有着深厚精神内涵的故事，还要注重对这些故事进行升华。可以说班级管理过程中的思想政治教育应该是一个循序渐进的过程，根本目的是让学生不断受到启发。辅导员在班级可以组织学生进行中华传统文化的演讲比赛，这样一来可以让学生不断提升对于优秀传统文化的理解水平。

3. 提升班级管理过程中学生的体验感

在思想政治教育过程中，辅导员可以带领学生参观红色革命圣地、历史文化名人的故居等。这种方式能够让学生在参观这些场所时把握历史的内涵，也有利于学生思想政治意识的培养，有利于辅导员思想政治教育目标的实现。在学生参观红色革命圣地的时候，辅导员可以在一旁给学生进行细致的讲解，让学生在参观之后，可以以观后感等形式来表达自己的内心感受。辅导员也可以在开展思想政治教育过程中，以情景设计的方式让学生演绎一些耳熟能详的传统故事，这样，学生在积极准备话剧或者情景剧的过程中，能够全身心投入传统文化中，更能对其中蕴含的精神有深入体验，也能使得整个教育过程更具有趣味性。

4. 善于运用新兴媒体

辅导员在进行思想政治教育的过程中，应该充分借助新型媒体手段。辅导员可以运用班级中的多媒体设备给学生们播放一些传统英雄事迹的经典影片，这样一来学生就能更加有学习的欲望。同时辅导员还可以在班级群中，给学生们推送一些与传统文化相关的内容，增加学生们接触优秀传统文化的频率，从而更便于思想政治教育工作的开展。与此同时，辅导员还可以充分利用微博、微信公众号等新兴媒体平台促进传统文化的传播。

第三节　引导学生自主学习，培养学生文化自觉与自信

在中华传统文化与高校思想政治教育的融合上，高校的思想政治教育工作者应该加强对大学生学习传统文化的正确引导，让大学生树立起正确科学的文化观念；同时要发挥中华传统文化在高校思想政治教育中的重要作用，并实现引导大学生主动自觉学习中华传统文化的效果。

一、文化自觉与文化自信的核心要义

"文化自觉"的概念是我国著名社会学家费孝通先生于1997年提出的。对文化自觉的基本理解是：对文化的自我觉醒。费孝通先生在阐述文化自觉时，给予了它三层基本含义。首先是文化自觉建立的基础是对文化之"根"的寻找与继承。其次是对文化之"真"的批判性发展；最后是对文化发展规律的把握与指引。

文化自信是以文化自觉为重要基础的，主要是对本民族文化的深刻认同与坚定传承。文化自信观念的形成必须建立在文化自觉的基础之上。对于中华儿女而言，我们文化自信的建立过程也不是一蹴而就的，也是经过长时间才得以形成的，但是总的来说，我们的文化自信也是建立在文化自觉基础之上的，是我们对本民族文化传统的充分认同与坚守。

（一）文化自觉和文化自信是中华民族的优良传统

对于一个民族而言，其从沉睡走向觉醒的过程，一定首先是在文化领域开始的。对于一个政党而言，其发展的水平与时间在相当程度上也是与文化自信的程度息息相关的。文化自身的发展与进步需要文化自觉与文化自信，一个民族的繁荣、国家的兴盛、政党的兴旺无不与文化自觉与文化自信有着密切的关系。

中国共产党是我国的执政党，同时它也是我国优秀传统文化最为坚定的继承者、传播者。中国共产党有着坚定文化自觉与文化自信，同时它的眼光更为长远，它始终以人类的先进文化作为重要指引，坚持开展中国特色社会主义文化建设，不断促进着中国特色社会主义现代化事业的进展。

1. 文化自觉是民族、政党在文化上的觉醒和自觉的行动

文化自觉是对文化的自我觉悟。文化自觉不仅体现着一个民族在文化领域的觉醒与行动，同时它也能体现一个政党对本民族文化的深刻把握。对我国而言，

中国共产党的文化自觉体现了中国共产党带领广大中国人民对传统文化进行批判性的继承，同时对世界各个民族的文化进行甄别、筛选，取其精华去其糟粕，汲取历史教训，把握时代发展的脉搏。

中国的近代史既是一部屈辱史，也是中国人民伟大的抗争史。由于中国传统封建文化对中国人民的禁锢，1919年我国爆发了"五四运动"，中国广大有识之士、进步人士掀起了一场轰轰烈烈的"文化革命"，这场革命聚焦中国传播了上千年的儒家文化等，对其中的不合理因素进行猛烈的批判。这种文化批判在一定程度上代表了中国人民开始在文化领域觉醒，但是这种觉醒还有待深化，对于先进文化的选择还有待明确，所以还没有完全形成文化自觉。

中国共产党自从诞生起，就把马克思主义作为自己的指导思想，而且中国共产党也把打破旧世界，建立新世界作为自身的奋斗目标。而且中国共产党也深深地意识到，要想实现中华民族的复兴就要坚持马克思主义这一先进的文化。这体现了中国共产党文化自觉的形成。中国共产党成立后，先后带领中国人民开展了新民主主义革命、社会主义建设以及改革开放，并且在这个过程中形成了一系列思想：毛泽东思想、邓小平理论、"三个代表"重要思想、科学发展观以及习近平新时代中国特色社会主义思想。中国共产党在文化自觉与文化自信中，不断带领中国人民向着中华民族伟大复兴迈进。一百多年来，中国共产党的发展特质就是以文化自觉引领中国人民不断解放生产力、不断发展经济，在中国共产党的带领下，中国人民取得了举世瞩目的伟大成就，同时也朝着新的发展目标继续迈进。

2. 文化自信是对自身文化特质和生命力的坚定信念

中国特色社会主义文化是中国人民的强大精神支柱，它指引着、鼓舞着中国人民开展国家建设、推进中华民族的伟大复兴。我们在建设中国特色社会主义先进文化的过程中，不仅要积极传承中华民族优秀的传统文化，还要以此为基础继续开展中华传统文化的创新工作。对本民族的优秀传统文化要具有文化自信，同时也要把其放在世界文化之林中，我们要对本民族的文化有一个清晰的判断，这是我们进行先进文化建设的重要前提。

中国有着五千多年的历史，在漫长的历史长河中，中国人民创造了十分丰富、灿烂的中华传统文化。这些中华优秀的传统文化是中华民族的精神血脉，也是我们的民族符号，这些文化不仅显示着我们不懈的精神追求，同时也展现着我们不断奔向未来的美好愿望。中华优秀的传统文化促进了中华民族的血脉凝聚，也为世界文明增添了不可忽视与不可替代的文化符号。中华优秀传统文化在世界文化之林中依然闪烁着耀眼的光芒，它不断推动着中国乃至世界的发展与繁荣。

中华文化得以形成的原因，一方面是中国人民坚持本民族文化的自信，同时又在世界中不断吸取其他民族的文化精髓。这种保持自我、兼收并蓄的精神是中华民族文化自信气度的表现。

（二）培养高度的文化自觉和文化自信的必要性

习近平总书记指出："文化自信是更基础、更广泛、更深厚的自信，是更基本、更深层、更持久的力量。"[1] 文化自觉与文化自信是一种文化主体意识，这种意识的形成离不开文化实践。文化实践一方面是一定历史背景下的文化实践，同时文化实践又具有阶段性的特征。在文化实践基础上形成的文化自觉也要随着历史的发展而调整与适应。因此，文化自觉是在历史与客观形势变化下文化实践的产物。在历史条件进行变化时，要把握文化实践的基本要求。

1. 积极应对国际国内形势的新要求

当前世界正在经历剧烈的变动，整个世界格局不仅处于大变革之中，同时也呈现出不断向前的发展趋势。当前世界的显著特征是经济全球化与政治多极化，同时在科技与思想领域国与国之间的交流与碰撞变得越来越频繁。在综合国力的各种因素之中，文化占据着重要的地位，并且文化的重要性还在逐渐上升，对于一个国家而言，保持本国的文化安全，提升本国的文化软实力既是当前的艰巨任务，也是国际形势的内在要求。中国要想提升中华文化的国际影响力，就需要以生产力的发展为依托，不断吸收世界文化的优秀成果，还要积极扩大我国在文化领域的开放水平，推动中华文化不断与世界融合，使中华优秀文化与更多国家的文化进行交流。

2. 积极应对我国广泛而深刻变革的新要求

我们在文化领域进行深入改革，一方面我们具备了显著的优势条件，另一方面摆在我们面前的也有许多新的问题。当前，我国经济呈现快速发展，社会也呈现出明显的进步趋势，但是经济与社会领域的发展状况与人民在精神文化领域的

---

[1] 习近平谈治国理政（第四卷）[M]. 北京：外文出版社，2022：312.

需求还存在明显的不匹配，这主要表现在很多领域中依然存在着一些比较尖锐的问题，这些领域涉及文化产品创作、舆论引导、文化产业等。要想解决精神文化领域存在的问题，就需要对文化发展规律进行分析与把握，增强中国人民创作优秀文化的活力，保持文化自觉与文化自信，不断提升我国精神文明发展水平，从而使其与我们当前的物质文明保持协调。

3. 积极适应社会主义先进文化建设的新要求

中国共产党在执政过程中有多方面的建设任务，其中建设社会主义先进文化是重要部分之一。当前，随着社会的发展，文化已经不仅仅局限于在自身领域进行发展，它还体现在经济、政治等其他领域的发展。社会主义先进文化对于实现中华民族的伟大复兴有着重要意义。在新的历史背景下，我国文化实践有了全新的要求。必须以科学发展为主题，以建设社会主义核心价值体系为根本任务，着力推动社会主义先进文化更加深入人心，不断开创全民族活力持续迸发、社会文化生活更加丰富多彩、人民基本文化权益得到更好保障、人民思想道德素质和科学文化素质全面提高的新局面。实现这些新要求，必须建立新的文化自觉和文化自信，坚持中国特色社会主义文化道路，深化文化体制改革，推动社会主义文化大发展大繁荣。

4. 积极传承与弘扬中华优秀传统文化的新要求

优秀的传统文化是中华五千年文明积淀的结果，同时它也是高校学生建立文化自信的基础。中华文化在世界范围内有着广泛的影响力，探究其精神内涵主要有以下几个方面。

"天人合一"的思想，中华文化中无论是道家文化还是儒家文化，都将实现天人合一作为最高的追求。这表明了中国人注重实现人与自然界的和谐相处。中国人在自己的生活与生产中，始终把遵循自然发展规律作为自己为人处世的重要准则，并以这种规律约束自己的行为。

"民本"的思想，这种思想是中国人对百姓、人民群众力量的充分肯定。中华优秀传统文化中，有着十分强烈的人文价值属性，这主要表现在对人的价值的充分肯定与重视上。中国共产党始终坚持以人民为中心，始终把人民的利益放在首位，在马克思主义理论中，有"人民群众是历史的创造者"这一论断。由此可见，中华传统文化在人民的观念上与党的相关立场是一致的。千年农耕文明赋予华夏民族"知足、宽容、忍让"等美好的品质，也孕育了积极进取、自强不息的民族精神。

"天行健，君子以自强不息"，其内在蕴意为自信、自立、自尊。今天，在全面推进中国式现代化建设进程中，更需"自强不息"精神的引领，为实现民族伟大复兴提供不竭的精神动力。

"和合"为和谐，"中"为"中庸"。中华优秀传统文化基本精神的直接体现就是"和谐共生"，自强不息、天人合一、以民为本所体现的人本精神，最终之意都要归为"和谐"境界。"和谐"才是万物的生存基础，"中庸"是传统文化提倡的待人之道，把握分寸，不走极端，人与人的和谐是社会稳定的基础保障。"和合与中"的精神，对于今天和谐社会与和谐世界的建设有着非常重要的意义。优秀传统文化的思想内涵、精神实质，是中华民族的"根"与"魂"，为民族生生不息、发展壮大提供了深厚滋养。它植根于中国人内心，潜移默化地影响着民众的思想与行为方式，所展现的生命力和凝聚力是中国特色社会主义文化自信的根基与底蕴支撑。

二、基于文化自觉与文化自信分析高校学生传统文化传承意识

仁爱、天人合一等思想在我国传统文化中占据重要的地位，这些思想内涵在我国经典的文化著作之中，而对这些思想进行深入把握，就可以发现它们与我国高校当前的思想政治教育工作有着一致性。思想政治教育的基本思想与中华优秀的传统文化都是中国人民实践的产物，因为它们来源于生活、来源于人民，因此学生理解与消化这些内容便更为容易。

（一）传统文化逐渐弱化和边缘化

民族文化作为一个民族的基因，它是在长期历史发展中形成的，是一个国家、民族的思想精华。任何一个国家都会在其历史的基础上形成独属于本国的主流文化，这个国家的人民对这些主流文化的认同就是他们文化自信的重要体现。我国改革开放以来，经济与社会快速发展，文化领域也取得了重大进步。但是由于开放之后，一些外来文化不断对高校学生的思想产生冲击，就导致很多学生对一些外来文化产生了某种更为强烈的认同，这种认同在一定程度上超过了他们对本民

族文化的认同感。在我国一些高校内，传统文化在学生心目中的地位在逐渐降低，甚至有些边缘化的倾向。在一些高校中，有些学生对韩流文化十分推崇，也有些学生将日本明星作为自己的偶像，但是他们都对中国文化嗤之以鼻，这种状况的出现就表明在高校学生中文化自信的缺失。

（二）缺乏文化批判性认知

当前网络技术不断发展，人们获取信息变得越来越便捷，信息的快速传播也促进了不同文化的融合。但是社会上很多消极思想、不健康文化也借助网络技术大肆传播，这些文化的爆炸式传播，也给人们一种潮流化的印象。当前新媒体设备已经成为大学生生活中必不可少的组成部分，很多大学生利用这些新媒体不断追逐各种"潮流文化"，他们陷入娱乐中无法自拔，这也在一定程度上导致了他们社会责任感的缺失。很多学生在大学生活中不断沉迷于一些鸡汤文化、低俗的搞笑文化，他们在日常生活中沉迷于虚拟世界之中，而一些传统的阅读场所被他们所摒弃。在网络上出现的一些网络红人逐渐成为这些学生的追捧对象，很多学生甚至认为传统文化与自己的生活已经无法融合。以上这些现象体现了高校学生缺少文化批判性的认知，同时也呈现出传统文化在传承过程中存在的一些挑战。

三、在高校思想政治教育中培养学生对传统文化传承的自觉意识

高校思想政治教育工作如果始终按照传统的教育教学方式，机械地对学生开展教育，那么就注定无法充分调动学生学习的兴趣，由于其兴趣无法被调动，那么人文精神的传播也会面临较大问题。在高校思想政治教育中融入传统文化就可以在一定程度上补充人文精神的缺失。而且一些传统文化有着十分丰富的知识内涵，这些文化中有很多十分形象的故事，在思想政治教育中融入优秀传统文化，可以让学生在潜移默化的学习中，提升自身的思想道德水平。

（一）利用通识教育提升文化认知

要想使得传统文化与高校思想政治教育进行融合，就要加深学生对传统文化的深刻了解。高校在开展思想政治教育过程中，能够不断加深学生对传统文化的认识，这样能够使得学生不断实现自我观念的深化。一些优秀的传统文化能够在学生的头脑中形成良好的反应，进一步促进学生行为发生转变。可以通过通识教

育的方式让学生更好地把握传统文化。在这个过程中要使得教学方式变得新颖化、趣味化。思想政治教育与传统文化在结合的过程中，要注重融合的有效性和渗透性，从而让学生们可以在一种轻松的环境中、潜移默化的氛围下实现对优秀传统文化的掌握，进而提升自己的文化认知，强化自身的思想政治素养。

（二）发挥思想政治教育课堂主渠道作用

课堂教学在高校思想政治教育中起着十分重要的作用，课堂教学的有效开展不仅便于学生学习思想政治教育知识，而且能够为思想政治教育和传统文化的融合提供良好的平台。在当前思想政治教育工作中，以中华优秀传统文化为主题的教材还相对缺乏，没有形成完备的体系，这种情况在一定程度上也制约着思想政治教育对优秀传统文化教育的促进作用。针对这种情况，可以在课堂教学中进行传统文化教材的探索工作，将教学实践与相关理论充分结合，编写独具本校教学特色的教材文本。思想政治教育工作，需要传统文化教育因素的注入，学生在接受带有传统文化色彩的思想政治教育之后，自身的价值观念能够得到全面的塑造，自己对本民族文化的自信心也能持续提升。

（三）活跃高校传统文化氛围

传统文化在高校思想政治教育中有着重要的作用，在思想政治教育中加入中华优秀传统文化的内容，能够使得学生对中华优秀传统文化形成更强的认同感，增强他们对中华优秀传统文化的自信心，这不仅关系思想政治教育工作的有效开展，同时也符合社会主义核心价值观的基本要求。学生对中华优秀传统文化进行学习、分析、理解，他们对自己本民族文化的认知程度便会进一步提升，这样一来，他们就能意识到形成本民族文化品牌的意义与价值。

高校在思想政治教育中进行优秀传统文化的教学，一方面要转变学生对传统文化的错误认识，另一方面要对学生形成引导作用，帮助他们在了解优秀传统文化的内涵之后，将这些文化内容融入校园文化建设。高校的发展除了需要物质层面的条件，良好的校园文化氛围也是必不可少的。只有在校园文化的建设过程中形成多元化的教学形式，充分体现优秀传统文化的魅力，才能使得学生在这种轻松愉快的氛围中受到感染。值得注意的是，在校园文化氛围中，除了要融入优秀传统文化的因素，还要特别强调其中的爱国主义内容，这样才能增强学生的爱国热情，增强他们的民族自信心。可以组织学生开展经典诵读的活动，让学生选取一些经典的传统文化著作，声情并茂地朗诵这些书目的内容。这样一来，这种教育活动就能显现出十分浓郁的传统文化色彩，提升学生的思想政治素养。

（四）营造良好文化氛围

实践活动是认知形成的前提与基础。要想让学生形成对中华优秀传统文化良好的认知，就要积极引导学生深入实践，在实践中去加深自己对传统文化的认识。课堂教学显然在实现思想政治教育与优秀传统文化融合方面有着十分重要的作用，但是我们同样不能忽视课外拓展活动所起到的作用。社会上的时事政治事件不断发生，这些事件吸引着大学生的注意力，因此学校可以举办各种课外活动，鼓励学生对这些时事事件进行评论，并引导学生在相互交流中融入中华优秀传统文化的内容，从而形成良好的文化氛围。

我们国家有着十分悠久的历史，有着十分丰富的文化遗迹、文化展览馆，高校可以组织学生前往这些文化场所，在参观这些文化场所的过程中，学生能够感受到传统文化的魅力。教师本身对于高校思想政治教育工作的开展有着至关重要的意义，同时他们的文化素养也影响着文化氛围的构建，因此高校思想政治教师要不断学习中华优秀传统文化的知识，并且在各种思想政治教育主题中，有意识地融入优秀传统文化的内容。为了实现良好文化氛围的营造，思想政治教师还要采用适合学生的教学模式。

四、高校思政课开展文化自信教育的必要性

全民族文化自信与优秀传统文化的建设是紧密联系在一起的。高校学生对于国家的发展、民族的富强有着无比重要的意义。对大学生进行思想政治教育，一方面可以帮助大学生在这个特殊时期形成良好的价值观，另一方面也能增强学生的文化自信，提升他们的民族自豪感。当前，开展思想政治教育要建立在文化自信的基础上，这有利于推进思想政治教育工作的进展，促进高校思想政治教育工作创新。

（一）坚定学生的理想信念

在当前社会中，文化呈现出多元化的状态，与此同时，一些消极的、不健康

的外来文化也影响大学生的思想健康，因此在这种背景下，在开展大学生思想政治教育中强化学生的文化自信显得十分重要。学生的理想信念也能在文化自信的培育中得到强化。之所以要不断加强大学生的文化自信，就是让学生对本民族的文化有充分的了解与认识，让他们感受到本民族文化的价值，在构建自己对本民族文化自信心的同时，也能很好地应对外界各种文化的影响与挑战。在培育学生文化自信的过程中，能够不断完善学生的自我人格，让他们拥有属于自己的价值根基，从而能够正确把握自己的人生追求，对自己也能有一个比较清晰的判断。理想信念对于学生的成长有着十分重要的意义，可以说，理想信念是学生选择人生道路的关键。开展文化育人工作，能够让学生不断坚定理想信念；帮助学生在实现自己人生价值的过程中，始终保持一种积极向上的心态，从而面对各种困难与障碍的时候，都能勇往直前，积极面对。

（二）强化学生的社会责任感

思想政治教育的核心内容是加强学生对中国共产党的拥护，帮助学生树立正确的人生观、价值观。在文化自信的基础上对学生开展思想政治教育，可以帮助学生把握民族文化发展的脉络，让学生感受到自己所肩负的时代使命，从而产生一种强烈的社会责任感。在开展思想政治教育时，增强学生的文化自信能够让学生形成责任与义务意识，促进学生在社会中积极参加公益活动，不断为国家与社会的发展作出巨大贡献。在文化自信的培育过程中，教师给学生讲述国家发展的历程、中华民族的奋斗历史，增强学生建设国家与社会的使命感，让学生真正意识到自己的发展与国家和民族的前途命运是紧紧联系在一起的。这样一来，学生就能在自己的生活与学习中，形成以国家利益为重的意识，并且在自己的实践中，不断对自身进行修正与完善。强化学生的文化自信，就能使学生始终将真善美作为自己奋斗的方向，在个人实践中强化奉献意识，将自己的热情投身国家与社会的建设。

（三）培养学生的创新创造力

在高校开展思想政治教育的过程中培养学生的文化自信，在一定程度上可以拓宽学生的视野，让学生具备一种全球眼光，可以对国际上的一些文化进行更准确的把握。可以让学生在今后进行跨文化交际的过程中，始终秉持着理解与包容的心态，理性看待本民族文化与其他国家文化之间的差异，还可以使学生在传承自己民族文化的时候更加从容、淡定，这也有助于提升中华文化的国际传播力、影响力。

思想政治教育绝不仅仅是知识的传授，这种教育方式还能让学生不断产生对新生事物的好奇感，也能提升学生的探索欲望，进而提升学生在实践中的创造能力。基于文化自信的思想政治教育，可以让学生在中华优秀传统文化中汲取智慧，让学生对任何事物都能保持一种新鲜感，始终向外界呈现出一种创造精神。学生对自己本民族的文化充满自信，那么他们会在自己的日常实践中，始终坚持以创新思维积极传播中华优秀传统文化。与此同时，基于文化自信的思想政治教育，也能让学生在面对任何困难与挑战时，保持一颗镇定的心，对所面临的困难进行深入分析，积极寻找解决问题的对策，并且在这个过程中，学生也不会拘泥于常规与传统的藩篱，而敢于大胆创新，不断以自己的努力传播中华优秀传统文化，开展国家与社会的建设。由此可见，在高校思想政治教育中加强文化自信，一方面有助于思想政治教育内容的拓展，另一方面还能使得文化自信的思想政治价值得到充分发挥，可谓一举两得。

五、中华优秀传统文化对培养高校大学生文化自信的借鉴意义

中华传统文化中的理想人格既包括立足自身，具有"尽其心者，知其性也；知其性，则知天矣"的渊博才学，也包括心系家国，能够承担"齐家、治国、平天下"的社会担当。这与对时代新人的要求——坚定理想信念、练就过硬本领、勇于创新创造、矢志艰苦奋斗、锤炼高尚品格，别无二致。

高校学生是国家未来的建设者，也是中国社会主义事业的继承者、接班人，尤其是在新时代背景下，高校学生身上所肩负的使命更为重大，这些使命任务涉及国家发展的方方面面。对于高等教育而言，其在发展过程中，始终面对着"培养什么人，怎样培养人，为谁培养人"的问题。大学生当前处于人生的重要发展阶段，学生的价值观念会在这个时期完全定型，可以说大学生在日后发展中所呈现出来的行为表现，很大一部分都是这个时期形成的价值观念的外在呈现。而且大学生的价值观念和行为方式，也会呈现一种传播趋势，它会影响与大学生相关的其他个体，比如家人、朋友等，在一定程度上这种影响会导致一种群体效应，

进而对国家、社会的发展状况产生一定影响。

在新时代，高校学生必须坚持"四个自信"，紧紧跟随党和国家的战略指引。而高校也要在教育工作中，强化学生的民族责任意识，培养学生的包容心态，不断实现思想政治教育与文化自信的深度融合，在教育过程中，强化大学生的人格塑造与价值观念的构建。

大学最根本的教育意义不仅仅在于让学生成为一种"谋食者"，更要让学生在日常生活中成为"谋道者"。开展大学教育的目的，一方面是让学生在未来进入社会之后能够谋生，另一方面是让学生在大学中不断提升自身的独立思考能力，让学生形成良好的思想道德情操，构建起独立而健全的人格。教师引导学生将个人命运、自我发展与国家、社会的前途联系在一起，在高校思想政治教育中开展中华优秀传统文化的教育也是基于这个目的，让学生通过学习，保持对国家的热爱，坚定对自己本民族的文化自信。

在中华优秀传统文化中向来有"君子谋道"的说法，这是历代中国知识分子的追求。我国发展进入新时代，中华传统文化中的"仁以为己任"的精神追求在这个时期也有着重要意义，可以让学生在坚定民族文化自信的基础上，将"小我"融入国家的"大我"。学生在中华传统文化"知、仁、勇"等理念的指引下，不断强化自己的文化自信，将自己在大学中学到的知识投入新时代国家的建设过程中，不断推动中华民族伟大复兴的进程。

六、高校思想政治教育应加强大学生对传统文化的自信心

习近平总书记指出："文化是一个国家、一个民族的灵魂。"[1] "历史和现实都表明，一个抛弃了或者背叛了自己历史文化的民族，不仅不可能发展起来，而且很可能上演一幕幕历史悲剧。"[2]

大学生作为未来国家建设和发展的中坚力量，承载着国家和民族的希望。因此，高校在思想政治教育中，就要着力用传统文化来影响大学生，培养他们高度

---

[1] 习近平：决胜全面建成小康社会 夺取新时代中国特色社会主义伟大胜利——在中国共产党第十九次全国代表大会上的报告[EB/OL].新华网，（2017-10-27）[2023-10-30].http://www.news.cn.

[2] 习近平在中国文联十大、中国作协九大开幕式上的讲话[EB/OL].人民网，（2016-11-30）[2023-10-30].http://www.people.com.cn.

的文化自信，增强他们的民族自豪感。做好中华传统文化与高校思想政治教育的融合不能有丝毫松懈，要着力防止世界上其他强势文化在大学生意识中产生的对中华传统文化的冲击和占领，提高大学生对于中国民族和文化的认同感，使其能够主动地鉴别中华传统文化与外来文化的优劣，做到不夜郎自大、故步自封，也不妄自菲薄、盲目仿效。

（一）引导和鼓励大学生学习优秀的传统文化

在将中华传统文化融入高校思想政治教育的过程中，各个高校应该根据自己的特点，挖掘中华传统文化中优秀的资源和宝贵的精神财富，并且在实践过程中予以创造性转化，尤其是中华传统文化中的仁爱、诚信、正义、爱国这些思想，千百年来都有着重要的价值，而且在未来也会产生重要的价值，是一定要继承和发扬的。在教育的过程中，也要引导大学生在实际的生活和学习中去践行这些理念，做到中华传统文化优秀精神与现代社会的契合发展。同时，马克思主义已经被证明是中国社会发展最有力的保障，因此，大学生也必须在马克思主义的指引下，树立自己的价值观、人生观和世界观，要坚定地信仰马克思主义，并且将马克思主义与中华传统文化的优秀思想结合起来，创新性地发展。

在这个过程中，高校要做的工作有很多。例如要努力营造中华传统文化的氛围，提供更好的传播中华传统文化和马克思主义的平台。在互联网大发展的前提下，可以多设计一些微课堂，通过快速便捷、短小精悍的形式把学生的注意力吸引过来，加深他们对于传统文化知识的学习和体悟。高校也可以组织一些有意义的传统文化活动，例如聘请知名传统文化专家来校举办讲座，如孔子学堂、孝文化讲座、家风讲座、茶文化讲座，在各种纪念日中进行纪念活动，让大学生形成强烈的爱国主义思想、爱护大众思想、为国出力的责任感和使命感。现在，我们欣喜地看到国家和政府也加强了对于传统节庆的保护，重大的传统节日都有假期安排，另外一些节日也重点营造了相应的氛围。高等学校也应该抓住传统节日这一平台，在传统节日中设计一些与之相关的文化教育活动，让学生充分认识到相应传统节日背后的思想和内涵。甚至有条件的，在活动的组织和策划过程中，也可以让学生参与进来，一起动手完成，大学生亲身体验得来的认识将比原来那种被动认识过程的效果好得多。以此让更多人能深入了解中华优秀传统文化，增强大学生对传统文化的自信。

（二）培养学生的"明辨"能力

"明辨"对于大学生来讲极其重要，明辨能力的强弱直接关系到一个人思想境界的高低。大学生在生活和学习中，都要善于思考和分析，并在思考和分析的基础上作出对的选择，处事做人要稳重、踏实，要谦虚又要自信，要有做学问做事业坚持不懈的意志和品格。当前，我国大学生的文化自信还需要加强，这就少不了锻炼大学生的明辨能力，如果没有好的明辨能力，大学生就不会意识到中华传统文化的重要性，反而不加甄别地吸收崇拜外来的文化。

培养大学生明辨是非的能力，学校首先要改革传统满堂灌的教学方法，教师应该组织和引导学生自我学习和相互讨论，要更多地采用讨论式和启发式的教学方法。真理是辩出来的，不是死记硬背地"学"出来的。其次，学校要高度重视"论辩"氛围的建设，给大学生创造充分的"论辩"环境。例如，高校可以组织各种和"论辩"相关的比赛，也可以利用现在互联网互动性强的特点，在线上开展一些相关的辩论和探讨，班级或专业也可以定期举行一些讨论交流活动，通过各种途径让大学生积极加入进来。在这样的"论辩"氛围中，大学生的思维和观点在与别人的思维和观点碰撞中，会得到极大程度的开拓，自己辨析是非的能力也就会得到提升。

（三）将传统文化教育纳入高校思想政治教育理论课体系

将传统文化教育纳入高校思想政治教育理论课体系，高校思想政治教育工作者是最主要的力量。思政教育工作者本身就应该有高度的文化自觉和文化自信，要大力推进二者的融合。在新的形势和时代要求下，高校思想政治教育工作者更要作出大量的努力，确保传授给大学生的中华传统文化知识都是符合当前社会发展要求的，要真正做到古为今用，使中华传统文化中优秀的资源和宝贵的财富被大学生吸收和利用。

1. 要改进高校思想政治的课程体系

中华传统文化已经成为高校思想政治教育的重要内容之一，因此，中华传统文化的内容应该系统地体现在思想政治理论课程的设置中。然而审视我国高校思想政治教育的课程设置发现，目前我国的思想政治理论包含必修课和选修课，但是并没有相应的中华传统文化必修课程。在由各校作出选择和安排的选修课中，中华传统文化课程也并非每个高校都有设置，中华传统文化的课程多见于中国语言文学、外国语言文学专业，而理科、工科的专业最多是有大学语文课程的设置，中华传统文化的课程基本上没有设置在专业课程和人才培养方案之内。

可见，虽然中华传统文化与思想政治教育已成为我国思想政治教育学科的重要方向之一，但其相关内容并没有系统地体现在课程设置中，课程设置落后于学科方向的建设。比较客观地来看，中华传统文化作为通识教育内容和中国公民应了解的基本文化素质内容，没有在高等教育教学和国民素质提升工程中严谨地落实。因此，在高校思想政治教育中，除了原来的课程，还应增加相应的中华传统文化必修课程，并将其作为高校思想政治教育的必要补充。

2. 要在教材中增加中华传统文化内容

现在我国很多高校的思想政治教育教材还没有过多将中华传统文化内容列入其中，更多的是政治理论知识的阐释和讲解，这是不利于传统文化与高校思想政治教育相融合的。虽然现在的高校思想政治教育理论课教材在统编时，因其概论和纲要性决定了它很少有中华传统文化的内容，但教师在教学过程中应该根据学生的专业背景、文化素质背景和相应的切入点，将一些中华传统文化的内容作为素材添加到教学中去。这样的教学才会有血有肉和丰富多彩，学生也易于接受。

在课程内容设计上，要加强思想政治教育与中华传统文化之间的交融性与一致性研究。一方面，中华民族优秀传统文化是马克思主义中国化的基础，马克思主义扎根于中华优秀传统文化的沃土上，才能实现其中国化进程，才能符合民族发展的需要，才具有了更强的生命力和传承性。另一方面，中国化的马克思主义内在地包含着中华优秀传统文化的精神财富。这才能让中国化的马克思主义融入中华民族发展的现实需要，才能把中华优秀传统文化和马克思主义进行全面的结合。

因此，思想政治理论课教师应该全面推动和加强马克思主义理论与中华优秀传统文化的融合，为中华优秀传统文化有效融入思想政治理论课教学提供理论支撑和实践经验。同时，我们也要加强中华优秀传统文化的理论研究与价值挖掘，不断增强将中华优秀传统文化有效融入思想政治理论课教学的文化自觉和自信。

3. 要将中华传统文化引入思想政治教育的课堂教学中

无论从哪个方面来讲，课堂还是学生接受教育的主要阵地。在课堂上进行好的教学，才能收到好的效果。在课堂教学中，教师不能纯粹利用书本教学，也可以多利用一些其他好的教学手段，教师要能够深刻地洞悉大学生的学习需求和接受能力，驾驭庞杂而深邃的优秀传统文化内涵，并且合理设计教学内容，创新改进教学方法和切实提升教学效果，例如相应的视频播放、文化专题的讨论。

将中华传统文化引入思想政治教育的课堂教学中，结合思想政治理论课的教学，围绕普及和弘扬中华传统文化知识，培养学生对中华传统文化的兴趣与爱好。教师也要做好观察和记录，对课堂运行情况进行数据采集，为数据分析和研究提供材料；并基于课堂教学的大数据研究，不断提升教育水平，改善学生课堂学习质量，全面推动课堂教学工作的有序开展。

作为学生来看，大学生对传统文化已具备一定的自学能力和理性认识，教师在课堂教学中就不能仅仅停留在浅层次的知识灌输或貌似高深的理论讲解，这样不会达到增强文化自觉和文化自信的实际效果，更多的可能是会导致课堂教学的枯燥乏味。很多课堂教学存在着"重知识讲授，轻精神内涵阐释的现象"，完全侧重于以考核评价为导向，只向学生进行知识点的灌输，单纯地让学生记忆一定的传统文化知识，相对缺少对传统文化蕴含的民族精神、道德情操、人文涵养的深入挖掘。教师应该创造条件，对课堂教学效果进行提升，对课堂学习潜力进行挖掘，可以通过启发式教学增进学生理解认同，以平等中肯的说理为学生答疑解惑，鼓励、组织和指导学生进行学习讨论，培养学生跨文化理解能力等。

4. 学校要多举办一些和中华传统文化相关的讲座

高等学校可以从大学生的实际出发，找到他们在中华传统文化中关心的重点难点以及相应的热点，在此基础上邀请社会上一些有名望的专家学者，或者模范榜样来给大学生们作相应讲座。讲座可以说是高校思想政治课程教学的一种有益补充，办好了讲座，将是中华传统文化和思想政治教育双赢的局面。此外，高等学校也不能忽视了相关中华传统文化实践活动的设置。实践活动称得上是在课堂教学之外的第二课堂，例如举办一些和中华传统文化相关的知识竞赛、板报比赛，或是带领大学生参观文物古迹，瞻仰英雄人物，都是有益的实践活动。这些活动对于提升大学生的传统文化知识，增强他们对传统文化的学习和传承都有着重要的意义。

第四节　结合各类社会实践，拓展融合的空间与时间

"更加注重以文化人……深入实施中华传统文化传承发展工程……更好满足人民精神文化的新期待。"[①]2021年7月12日，在中国共产党成立100周年之际，中共中央、国务院印发了《关于新时代加强和改进思想政治工作的意见》，再次强调中华优秀传统文化对思想政治工作的重要作用。诚然，将中华优秀传统文化融入高校思政课有着其深刻内在契合逻辑，但不能仅仅停留在理论层面，必须紧紧依托高校思政课本身，在一线阵地中践履，真正释放中华优秀传统文化的潜在能量，并在实践中不断总结和提升教学效果。

在将中华传统文化融入高校思想政治教育的实践中，高校要充分利用各种传统文化的资源，搭建各级各类社会实践平台，使学生在教师的指导下，能够将优秀传统文化的学习和实践入脑、入心，同时结合传统文化中蕴含的积极向上的内容，全方位地引导大学生，在学习传统文化知识、体验传统文化仪式、分享传统文化精髓、认同传统文化魅力、增强传统文化自信、传承传统文化正能量等方面，使其有所习、有所悟、有所思、有所得、有所鉴，从而能够形成正确的思想道德观念，正确的世界观、人生观和价值观，进一步提升其人文素养和文化领悟感知能力，使其成为中华优秀传统文化的忠实传承者和弘扬者。

一、在优秀传统服饰文化实践活动中融入思想政治教育

中华民族的传统服饰是我国传统文化的产物，它们体现了不同民族、不同地域之间的差异性，它们渗透着我国各族劳动人民的智慧。对大学生开展思想政治教育，要充分注重教育方式的创新。考虑到中华传统服饰的独特文化属性，以传统服饰文化作为思想政治教育的突破口、切入点，有助于推动思想政治教育的开展。在学习中华传统服饰文化的过程中，也能让学生的价值观念得到良好的培育，同时也能开拓中华优秀传统文化传承的新路径。

（一）中华优秀传统服饰文化中的思政元素

1. 工匠精神

工匠精神是中华优秀传统文化的重要组成部分，而在中华传统服饰上这一精

---

① 关于新时代加强和改进思想政治工作的意见[N].人民日报，2021-07-13(01).

神便得到了很好体现。在古代，传统服饰的实用性功能十分显著，作为古代人民的生活必需品，很多服饰的御寒功能十分明显。随着社会经济的不断发展，古代人民逐渐在服饰设计上突破了单纯的实用性，逐渐赋予了它们审美价值。这也使得很多中国传统服饰的制作工艺变得越来越精细，工匠精神在这些服饰上面得到了很好的体现。很多传统服饰在制作过程中，服饰匠人选用了很多极为考究的刺绣，与此同时，还添加了很多奇异珠宝，使得一些传统服饰呈现出华丽典雅的特点。这些服饰凭借令人惊艳的艺术美感，将古代人民精益求精的工匠精神体现得淋漓尽致。

2. 民族精神

在我国漫长的历史发展过程中，很多时候中华传统服饰承载了中国各个时期的文化。我国有着56个民族，各个民族在生活方式、风俗习惯上有着很明显的差异性，这些差异性也被体现在各个民族的传统服饰上。比如，苗族人民的传统服饰，虽然在线条形态上相对简单，但是在色彩上十分丰富。苗族有很多充满刺绣的披肩式服饰，同时他们也有很多银饰。蒙古族人民历来以游牧为生，他们的传统服饰大多都是长袍。蒙古族人民展现出十分豪迈的民族特征，这些特征在他们的帽子等服饰上有所体现。壮族人民生活在风景如画的广西一带，这里的山水、花鸟构成了一幅幅生动美丽的风景图，壮族的传统服饰表现出的色彩感十分强烈，一共有五种主色调，分别为：红、黄、蓝、黑、绿。我们可以通过了解不同民族在服饰上的差异性，洞察这些民族的精神传统。

3. 爱国精神

中华民族的传统服饰不仅能够体现出一定的审美价值，同时很多服饰也表现出中国人民对祖国的强烈热爱。学生能够通过观察这些民族服饰上的一些文化特征，感受当时人们对生活的美好愿望，对国家的无比热爱。学生也能在观察这些服饰之后，受到良好的思想感染，从而形成对民族文化的自信心、自豪感，进一步加深自己的爱国情怀。在中华人民共和国成立之后，很多抗战时期的服饰也逐渐成为我国传统服饰的一部分，这些服饰带有鲜明的工农兵特色，展现了中国革命先辈为了实现国家独立、民族解放而不断奋斗的风采。在开展大学生思想政治教育的过程中，引入中华传统红色服饰元素，就能让学生观察、体会这些服饰背后的革命文化，在不知不觉中提升自己的爱国主义热情。

（二）服饰文化与思政教育融合的实践路径

在开展服饰文化与思想政治教育融合的过程中，要注重多样化的融合方式，从而增强教学效果。强化两者的融合力度，在思想政治教育中，实现中华优秀传统服饰文化的有效传播。

首先，高校要积极开展各种独具特色的传统服饰文化实践活动，让学生在参与这些实践活动时，感受中华优秀传统文化的独特属性与价值。高校可以立足所在区域，着眼本地的民族特色，开展本地民族服饰文化的调研活动。思想政治教师带领学生前往本地民族服饰广泛穿着的区域，与穿着这些服饰的人们进行交流，深入了解这些服饰的制作方法。通过带领学生开展服饰文化的调研活动，可以让学生对本地区的服饰文化有更加深入的了解。调研结束之后，学校也可以组织传统服饰设计大赛，让学生根据调研结果进行服饰设计。这样一来就使得学生在比较生动的实践中，感受传统服饰文化的内涵，从而在潜移默化中吸收这些文化的思想文化因素，达到思想政治教育的目的。

其次，教师可以开展项目教学法，在课堂上对学生进行分组，分配给各个小组相应传统服饰文化的实践任务，从而让学生在实践过程中，与其他同学紧密协作，提高自身的实践与合作能力。教师要在项目设计时，寻找思想政治教育与传统服饰文化之间联系，让学生能够在探究传统服饰文化的过程中，感受到其中蕴含的思想政治元素。与此同时，教师在设计项目时，要把握不同学生的性格，注重项目实践活动的针对性与多元化。要让不同的学生都能感受到传统服饰中的传统文化内涵，从而实现思想政治教育的目标。

最后，教师可以组织学生进行小组汇报，让各个小组派出代表对本小组的项目完成情况进行汇报，并且教师要对这些小组的汇报进行评估，从而选取最优小组。通过新颖的方式实现思想政治教育与传统服饰文化的融合，学生更能被激发参与的热情，在实践中感受传统服饰文化独特的艺术魅力。学生在多元化教学活动的参与过程中，不仅可以实现自身团队协作、实践操作等能力的提升，还能够焕发出强烈的文化认同意识，促进思想政治教育的开展。

二、在优秀传统饮食文化实践活动中融入思想政治教育

我国的传统饮食文化经历了漫长的历史发展过程，在这个过程中它也积累了

十分深厚的历史文化内涵。在我国传统饮食文化中也蕴含了许多思想政治教育元素。在高校思想政治教育中，融入我国传统的饮食文化，对于推动该教育过程的良好运行，进行高校思想政治教育改革有着十分重要的作用。

（一）优秀传统饮食文化与思想政治教育融合的价值

1. 促进思政教学改革创新

当前，我国经济不断发展，社会也在不断进步，由于出现了很多新的社会状况，因此进行思想政治教育领域的改革是十分必要的。思想政治教育改革不仅有着教育本身的现实意义，同时还有着促进时代发展的重要价值。在此之前，高校思想政治教育相关课程在教育形式上过于单调，而且主要以填鸭式教育方式为主。这些思想政治教育在内容设置上注重政治性，教师在教学的过程中往往过于严肃。学生在接受思想政治教育时，无法集中自己的注意力，主要是因为这些内容无法调动学生的兴趣。面对这种情况，转变教育理念是十分关键的。应该把思想政治教育的内容与学生的日常生活紧密结合起来。考虑到我国国土面积辽阔，不同的地域由于风俗习惯、地形气候等因素的差异，形成了不同的传统饮食文化。这些传统饮食文化对于当地人民的思想、观念都产生了一定影响。

我国传统的饮食文化中蕴含着十分丰富的思想内涵。在我国的饮食文化中，不同民族、不同阶层人们的生活习惯都一定程度地在其中得到反映。我国传统的饮食文化在内容上可以说是兼顾了物质内容与精神内容，前者主要是农作物的栽种、饮食器具的使用等方面，后者则包含了饮食习惯、饮食哲学等内容。大学生往往从五湖四海汇聚到一所校园之中，因此他们都有自己熟悉的饮食文化，在高校思想政治教育中融入中国传统饮食文化的内容，可以在一定程度上推动高校思想政治教育工作的创新与改革。

2. 促进优秀传统文化传承

首先，传统饮食文化是在中华民族长时间的历史演进中形成的，因此这些饮食文化中蕴含了很多独属于中国人的文化印记，是每一个中华儿女宝贵的精神财富。在高校思想政治教育中，融入中国传统饮食文化的元素，一方面可以开拓学生的学习视野，另一方面更能让学生在教师的引导下洞悉传统饮食文化中的民族精神内涵。在思想政治教育的过程中，学生可以通过把握饮食文化，来逐渐加深自己的民族自豪感，强化自己对中华优秀传统文化的自信心。可以进一步促进学生在自己的日常生活中成为中华饮食文化的传播者与拥护者。

其次，在高校思想政治教育中融入传统饮食文化的元素，可以让学生在学习思想政治教育的内容时，牢牢把握饮食文化的历史脉络。学生通过深入学习饮食文化的精神内涵，能够建立良好的思想价值观念，透过中华饮食文化，把握中华优秀传统文化，从而使自己在面对外部各种不良文化的冲击时，能够坚持自己的内心，始终保持文化自信。学生对传统饮食文化进行学习，能逐渐提升自己的思想文化素养，同时在一定程度上也能促进自身政治觉悟的提升。

3. 提高学生的道德修养

正所谓"国无德不兴，人无德不立"，我国高校在开展教育时，始终把立德树人作为本校的根本任务。高校开展的思想政治教育，要坚持以"树人"为任务导向，坚持以"立德"为教育活动开展的基础目标。为此高校要重视中华优秀传统文化的引领性作用，不断在思想政治教育中提升学生的思想道德素养。当前我国经济与社会的飞速发展，使得学生的物质生活水平得到了显著提升，但是与此同时，也对学生的道德品质提出了更高的要求。各种网络文化信息在不断冲击着学生的价值观念，因此学生的人格建设往往面临着很大的挑战。

在我们的传统饮食文化中，有着各种饮食礼仪，很多饮食礼仪都与当前高校思想政治教育内容有着很大的一致性，在高校思想政治教育中对学生讲述这些饮食礼仪、饮食文化，一方面可以让学生对自身饮食习惯进行纠正，另一方面其中所包含的珍惜粮食等思想观念，还能完美契合学生思想政治素养提升的要求。高校学生在思想政治教育过程中，深入了解饮食礼仪规范，能让学生将这些规范推广到自己的日常生活中，使他们把握一些社会的交往规则，这也有助于促进人与人相互尊重的氛围形成。除此之外，饮食文化中还包含了与自然和谐相处的思想，这些思想是我们先辈智慧的体现，学生学习这些思想，可以形成他们保护自然、维护生态平衡的意识。

（二）优秀传统饮食文化与思想政治教育融合的实践措施

1. 深入挖掘饮食文化内涵

中国传统饮食文化包含着物质与精神层面的内容，高校要想深入推进思想政治教育课程改革，就要对这些内容进行深入挖掘，最重要的是提取其中的文化内涵。高校教师应当与学生深入交谈，了解他们对思想政治教育的看法，还要把握当前学生在学习过程中的实际需要、兴趣所在，从而真正能在开展思想政治教育时，做到以学生为本，实现教育开展的针对性，切实提高思想政治教育的效果。

教师还可以搜集一些具有鲜明文化意义的饮食器具，将这些器具作为思想政治教育开展的素材。比如，筷子是中国人最熟悉的饮食工具，筷子在中国的使用已经延续了几千年，它是中国璀璨文化的见证。筷子作为饮食器具，显然具有至关重要的使用价值，但是筷子的在外形方面体现的内涵还与中国人对人格的追求保持一致。在中国古代，不同材质的筷子往往代表着使用者身份地位的差异，随着社会的不断发展，中国人也将很多文化寓意注入了筷子之中。比如，有时在宴会上，中国人会在餐桌上摆放十双筷子，这种安排意在表明"十全十美"的美好祝愿，这也体现了中国人千百年来对团圆、美满的不懈追求。筷子中所蕴含的人们对美好生活的向往，与高校思想政治教育中的要求有着高度的一致性，因此可以将筷子作为该教育过程中的教学工具。

2. 灵活运用饮食文化传播手段

现代信息技术的运用，是将高校思想政治教育与传统饮食文化相融合的重要途径。高校教师要在思想政治教育中，要突破传统思想政治教育方式的束缚，充分运用现代信息技术。思想政治课教师可以在互联网上搜集各种与传统饮食文化相关的知识，并且将这些知识以图片、视频的形式，在课堂上通过多媒体设备进行传播，这样就能实现传统与现代的融合，激发学生的学习兴趣。

思想政治教师可以通过一些新媒体手段传播一些有关饮食文化的知识，比如通过抖音、微博、快手等平台建立班级群聊，将这些平台上有关饮食文化的知识分享给学生。学生既可以看到有关饮食文化的起源故事，还能纠正自己一些错误的饮食习惯。通过这些多媒体方式，让学生更便利地感受饮食文化知识，提升思想政治素养。

3. 矢志践行传统饮食礼仪

在思想政治教育中结合传统饮食文化，理论层面的讲述固然是无比重要的，但是实践路径同样不容忽视。高校的相关领导要将有关饮食文化的内容与本校的校园文化活动结合，比如可以在校园的宣传栏上张贴一些写有饮食礼仪的海报，也可以在食堂的大厅中，张贴一些提醒学生节约粮食的宣传标语，这样学生就能在日常生活中感受到优秀的饮食文化。高校教师也可以鼓励、帮助学生们创立饮食文化社团，真正在实践中开展饮食文化的相关活动。高校也可以组织一些跟饮食文化相关的知识竞赛、美食制作等活动，让学生在实践中强化对我国优秀传统饮食文化的理解，在感受饮食文化的魅力中，潜移默化地提升自己的思想政治素养。

三、在优秀传统节日文化实践活动中融入思想政治教育

中国的很多传统节日在世界上有着鲜明的独特性，这些节日的外在形式往往是传统风俗。中华传统节日在中华民族的历史中有着十分重要的地位，可以说它们是将中华儿女维系、联结起来的纽带，是独属于中国人民的文化符号。我们的传统节日体现了中国人民在漫长的历史中所展现的生产、生活状态，很多节日也因其能够展现中国人独特的精神面貌，而具有极高的文化价值。中国传统节日中蕴含着十分丰富的精神文化内涵，而这些精神内涵与高校开展的思想政治教育是相契合的，将优秀传统节日的内容融入高校思想政治教育，可以帮助大学生构建积极健康的思想，塑造强大的内心。

（一）中华优秀传统节日文化融入高校思想政治教育的价值

中华优秀传统节日文化是中华民族的智慧结晶，在漫长的民族进程中深深影响了人们的思维方式和生活习惯，与人们的思想观念融为一体，发挥着基础而又深刻的思想力量。因此应提炼出传统节日文化中与思想政治教育相契合的内容，将中华优秀传统节日文化融入思政教学，助力高校立德树人工作的开展。

中华优秀传统文化中蕴含着中华民族普遍认可的道德规范和行为准则，是社会主义核心价值观的主要来源，随着社会主义制度的不断发展完善，社会主义核心价值观也在不断被赋予新的时代内涵。中华优秀传统节日文化是传统文化的具体表现方式，在新时代培育和践行社会主义核心价值观的过程中发挥着重要作用。

一方面，传统节日文化中蕴含着丰富的精神内涵，如天地合一、忠孝仁义、

天道自然、诚实守信等精神品格为社会主义核心价值观提供了有益价值参考。同时一些有价值的理念通过传统节日已经默默渗透到了人们的日常生活之中。传统节日的文化内涵与社会主义核心价值观在国家、社会和个人层面的要求也是互联互通的，体现着中华民族共同的价值选择和精神追求。

另一方面，传统节日的活动形式和习俗习惯也是社会主义核心价值观的实践载体，为培育和滋养文明社会风尚提供了良好的文化环境。具有强大吸引力和感染力的传统节日，以其多样的活动形式、丰富有趣的习俗体验激发着广大群众参与其中的热情，尤其是青年大学生群体。高校利用传统节日文化开展思政教育，能够营造接地气、贴生活的文化氛围，让学生在趣味体验中感受社会主义核心价值观的熏陶，将爱国敬业诚信友善的个人准则牢记于心，为社会主义现代化建设培育合格的新时代接班人。因此，高校思政教育者要利用好传统节日的周期性、全民性特点，将传统文化节日融入教学实践。

（二）中华优秀传统节日文化融入高校思想政治教育的实践路径

1. 拓宽思政教育阵地

高校思政教育工作者要拓宽思政教育阵地，要利用传统节日文化激活课堂教学。首先要开设传统节日文化相关的课程。全国高校中大部分课程并不涉及传统节日文化的普及，学生对于传统节日的了解也仅仅限于家长阐述或者书籍漫画，并没有规范的获取信息的渠道。除此之外，部分高校领导也并不重视传统文化课堂的设置，以至于传统节日文化教学缺失。针对此类问题，相关责任部门应该责令高校整改课程，高校不能过于功利化教学，要将德育工作放在首位。

对于传统节日文化应如何应用于思政教育，可以从以下几方面着手。一方面，应组织相关教师编写与传统节日文化有关的校本书籍，结合本校教学实际以及本区域特色教育资源进行编写，为学生提供了解中国优秀传统节日的系统化学习资料。另一方面，要探索节日文化与高校思政教育理念的价值共通之处，让传统节日文化与高校思政教育实现价值深度契合。在课堂教学中适当引入传统节日文化的相关内容，分享学生感兴趣的节日起源和故事传说，让学生在轻松愉快的课堂氛围中了解传统节日文化蕴含的深刻内容，调动学生的学习主动性，使其自觉融入传统节日文化的传扬中，达到"寓教于乐"的教学目标。

2. 提供传统文化进修平台

"师者，传道受业解惑也"。教师的知识水平和文化素养的高低很大程度上决定着教学效果的好坏。教师的素质越高，文化内涵越深厚，越能更好地承担起教学育人的任务，尤其对于思政教师而言，思政教育的教学效果直接关系到学生人格和价值追求的形成，也关系到国家和民族未来的发展。在"大思政"的背景下，不仅对思政教师的知识储备提出了更高要求，更是对每一位教育工作者都提出了要求。由于每位教师的文化素养、对传统节日文化的了解程度各不相同，所以为高校教师提供相应的进修平台是必然要求。例如可以定期开展学术沙龙，各位老师相互交流如何将节日文化运用于实际教学的心得，鼓励不同单位、不同学科的老师相互吸取经验，取长补短。在理解学习传统文化课本知识的同时也要提高动手实践能力，将写春联、包粽子等传统习俗搬到课堂上和同学们一起动手体验，吸引学生兴趣以调动其学习的积极性。只有先提高教师的教学素质和文化素养，才能将传统节日文化与现代课堂实践有机结合，做好思政育人工作。

3. 创建网络平台

随着信息技术不断发展，网络媒体已经成为人们必不可少的社交工具，在日常生活的使用中对人们的思维方式和行为准则产生了较大影响。

自媒体短视频以"人人都是信息创造者、传播者"的特点备受现代青年人的青睐，利用几秒钟的时间提供新鲜、热点、刺激眼球的内容吸引用户停留观看，让大众在工作学习之余浏览短视频成为生活的常态。高校思政教育工作也应该以这种"见缝插针"的形式，将传统节日文化中的精神内涵注入其中，让学生在浏览过程中感受传统节日文化魅力，让学生自觉承担起传统节日文化的传承和弘扬工作。

同时，思想教育渠道不能仅限于短视频软件，而应建立起涵盖抖音、微博、微视频和思政网站一体的融媒体中心，做到师生信息共享，更好地交流学习，有利于思政老师及时掌握学生思想动态，将一些处于萌芽状态的错误价值观及时遏制，让思想教育工作发挥更好的前瞻性和主动性。需要注意的是，高校要针对校内中国优秀节日文化的宣传做好监管，杜绝虚假、夸大、恶俗、不合理的宣传，同时还要做好校内社团对中国优秀传统节日文化的引导宣传工作，为中国优秀传统节日文化的传播创建良好校园环境。

4. 开展校园传统节日活动

课堂教学是思政教学的基础环节，除此之外更应重视课堂外的线下教学实践，积极开展校园传统节日活动、营造浓厚节日氛围是关键。校园活动形式多样，内容丰富，是大学生群体参加最为广泛的活动之一，利用传统节日创办校园活动，能够提升大学生对传统节日文化的兴趣，培养学生弘扬传统节日文化的使命感。例如举办中秋主题的传统节日文化活动，鼓励学生排练嫦娥奔月的舞台话剧，将传统节日文化搬上表演舞台，展现传统文化的魅力与活力。举办"赏月诗会"，体会乡愁情怀，抬头望天上的明月，品读"低头思故乡"的滋味。中秋节是月圆之夜，是亲人相聚的团圆时刻，和家人一起赏月、吃月饼，是最治愈的时刻，月亮也被赋予了强烈的"思乡"情感。将传统节日文化中所蕴含的乡土情怀融入大学生思想政治教育，既能让大学生了解乡土文化、体验故土魅力、升华爱国爱家情感，又能够激励新时代青年回乡创业，为乡村振兴注入人才活力。

第五节　丰富国际交流合作，促进文化融合与发展

习近平总书记指出："文明因多样而交流，因交流而互鉴，因互鉴而发展。我们要加强世界上不同国家、不同民族、不同文化的交流互鉴，夯实共建亚洲命运共同体、人类命运共同体的人文基础。"[1] 中华优秀传统文化作为我国文明中的一颗璀璨明星，是历史馈赠的无价之宝。推动中华优秀传统文化走出去，不仅是提升文化自信的重要力量，更是推动世界文化多样性不断深化、促进国际文化交流合作机制不断完善的重大创举。

一、推动中华优秀传统文化"走出去"的价值意蕴

（一）国内角度：提高文化软实力和提升综合国力

弘扬中华优秀传统文化，是中华民族优秀文化传承的需要。中华文化源远流长，有着悠久的历史和深厚的底蕴，其所蕴含的思想、价值观和精神品质是中华

---

[1] 习近平. 深化文明交流互鉴共建亚洲命运共同体——在亚洲文明对话大会开幕式上的主旨演讲 [N]. 人民日报, 2019-05-16（02）.

民族的宝贵财富；通过扩大中华优秀传统文化的魅力，可以帮助人们更好地理解和传承中华民族的传统文化。

文化软实力是一个国家的文化影响力和吸引力，它既包括一个国家的文化产品在国际上的传播度和接受度，也包括其文化价值观和形象在国际上的认同度和接受度；文化产业是现代经济中的重要支柱产业，是实现文化价值和经济价值相统一的重要途径。提升中华优秀传统文化的魅力，可以提升我国的文化软实力，增强国家在国际上的文化影响力和吸引力，可以促进文化产业的发展，推动文化创意、文化旅游等相关领域的发展，增加就业机会，提升经济效益。

中华优秀传统文化是中华民族的精神瑰宝，是民族凝聚力的重要源泉。通过提升中华优秀传统文化的魅力，可以增强人们对中华民族的归属感、认同感和自豪感，有助于增强民族自信心和凝聚力，促进国家整体发展。

（二）国际角度：扩大文化影响力和巩固国际地位

文明交流互鉴可以帮助人们开阔思维和拓展视野、促进经济发展、丰富文化多样性、增进国家间的友谊并促进和平。不同国家、不同文明都拥有独特的历史、传统、价值观和智慧，在交流互鉴中，各方都可以了解、接触新的观念、思考方式和解决问题的方法；实现资源的共享和优势互补，促进贸易合作、投资合作和科技创新，推动经济的繁荣和增长；使不同文明的优秀元素相互借鉴、吸收和融合，形成新的文化形态和表达方式，丰富人类文化宝库；使人们能够更好地了解和认识彼此，减少误解和偏见，增进相互尊重和信任，为国际关系的发展提供良好的基础，减少冲突和摩擦，推动和平与稳定。

中华优秀传统文化蕴含着深厚的智慧和价值观，具有广泛的吸引力和影响力，是人类文明的重要组成部分之一，在思想、价值观、艺术等领域拥有独特的贡献，它还强调和平、和谐、人文关怀和社会责任等价值观。通过将中华优秀传统文化介绍给世界，可以丰富和拓展全球文化多样性，促进不同文明之间的对话、交流和共享，推动人类文明的发展；让更多的国家和民族了解、认同和接受中华文化，增强我国的文化影响力，改善我国在国际舞台上的形象和地位，提升国家的软实力；促进不同国家和民族之间的人文交流与合作，增强相互间的理解、尊重，构建一个更加和谐、稳定和繁荣的世界。另外，推动中华优秀传统文化"走出去"，可以增强国内外华人对中华文化的自豪感和认同感，激发他们对中华文化的传承和发展的热情，提升全球各地人们对中华文化的认知和了解，树立中华文化的自信形象。

二、文化自信彰显中华文化"走出去"的话语权

（一）文化自信有助于推动中华文化"走出去"

习近平总书记指出："文化自信是更基础、更深厚的自信，是道路和制度自信的力量之源。"[1] 中华文化要想"走出去"，必须以文化自信为前提。失去了文化自信，就无法展现中华文化的内在魅力、深刻内涵和独特风格，也无法让全世界人民真正了解和认识中华文化的价值。文化自信有利于推动文化创新，可以让我们更有信心地去挖掘中华文化的深层意义，去探索和创新中华文化的内在精神和价值观，而只有不断推动文化创新，才能让中华文化更加适应当今时代的需求，使之更好地"走出去"；文化自信是对本民族文化的认同和自豪感，是民族自信的表现，提升文化自信可以增强国家凝聚力，强烈的文化自信可以让全体国民更加团结一心，共同为推动中华文化"走出去"而努力。

（二）文化自信有助于培育中华文化话语权

习近平总书记指出："从古到今中华文化就是具有强大吸引力的文化，我们先人始终将'远人不服，修文德以来之'作为基本外交理念。"[2] 在文化全球化语境下，文化作为一个国家的软实力之一，对国家竞争力和可持续发展有重要的意义。一个国家的文化可以塑造国家的形象和声誉，吸引外国人的兴趣和好感，促进旅游、贸易和投资等方面的发展；同时，文化也可以成为国家参与国际事务的一种方式，增强国际地位和影响力。文化的多样性和创造力可以激发社会的创新能力。不同文化间的交流和融合，可以带来新的思维方式、观念和艺术表达形式。文化的创新对于推动科技、经济和社会发展具有积极作用。

对于中华文化来说，文化自信可以促使人们更加重视中华文化的传承和发展，并防止中华文化在全球化的冲击下流失和边缘化；可以帮助中华文化在国际舞台

---

① 习近平.坚定文化自信，建设社会主义文化强国[J].求是，2019（12）：40-45.
② 习近平.坚定文化自信，建设社会主义文化强国[J].求是，2019（12）：40-45.

上获得更多的认可和更大的影响力，只有我们对自己的文化充满自信时，才能真正走向世界，让世界了解和尊重中华文化。文化自信是塑造一个国家形象的重要因素之一，通过展示中华文化的独特魅力和智慧，可以增强国家的软实力和吸引力，推动中国的国际交往和合作，为国家的发展提供更多机遇和支持。

三、在国际教育交流中构建跨文化交际课程思政大格局

根据《高等学校课程思政建设指导纲要》，"立德树人"是高等教育内涵式发展的根本任务，课程思政则是落实"立德树人"根本任务的战略举措。深入研究"中华礼仪"课程改革路径，积极探索"中华礼仪"课程新模式，对促进高等院校国际化发展具有重要的作用。

（一）在加强顶层设计中构建育人格局

高等院校在顶层设计中应将"中华礼仪"课程纳入思政课程体系，并明确该课程的目标、内容和评价标准；制订相应的教学大纲和教材，确保课程的科学性、系统性和权威性；通过设立专职的教师岗位或研究机构，加强对"中华礼仪"课程思政建设的支持和管理。

高等院校的校党委应发挥监督和领导作用，确保"中华礼仪"课程思政建设的顺利进行。校党委可以制订相关政策和措施，明确教学服务的要求和标准，并加强对教师的培训和考核，提高他们的教学水平和服务意识；建立健全的教学服务监督机制，及时解决教学过程中的问题和困难。

针对来华留学生教育问题，"中华礼仪"课程思政教学应注重与实际相结合。高等院校可以通过设立专门的导师制度，为留学生提供个性化的学术指导和生活辅导，帮助他们更好地融入中国文化和社会；高等院校还可以加强对留学生的中文教学和跨文化交流培训，提升他们的语言沟通和人际交往能力。

高等院校应以"全员、全方位、全过程"的"三全育人"为宗旨，将"中华礼仪"课程思政建设贯穿教育教学全过程。在招生阶段，可以注重选拔具有一定文化素养和道德修养的学生；在课程设置上，可以将"中华礼仪"融入其他课程，形成系统化的培养体系；在教学实施上，可以通过课堂教学、实践活动、社会实践等方式，培养学生的礼仪意识和行为习惯。

（二）通过打造教学团队来锤炼精品课程

思政教师在课程思政育人过程中，除了传授思想政治理论知识，还承担着引导学生树立正确的世界观、人生观和价值观；培养学生的思辨能力和判断力、社会责任感和公民意识；关注学生的发展和成长等责任。教师通过教学、辅导和引导等方式，帮助学生全面发展，成为具有思想道德素质和创新能力的社会主义建设者和接班人。要提升教师的课程思政水平，高校可以建立一套科学、全面的评价体系，包括对教师立德树人的能力、挖掘"中华礼仪"课程中思政元素的能力和课程思政教学内容创新设计能力等方面进行综合考评，评价体系应该明确评价指标和标准，注重全面评价教师的专业知识、教学能力、思想品德、教育实践等方面的表现。高校应定期进行教师评估和考核，通过教学观摩、听课评议、教学案例分析等方式，对教师的课程思政水平进行评估和考核。高校要加强教师团队建设，建立学科交叉和合作研究的机制，通过团队合作和共同研究，让教师相互借鉴经验、分享资源，提高整体水平。

高校在招聘课程思政教师时，应注重候选人的思想品德和文化素养，招聘面向对中华优秀传统文化教育感兴趣的教师，并考察其对中华优秀传统文化的理解和研究经历，确保教师队伍具备传播中华优秀传统文化和培养学生爱国情怀的能力。高校要建立多元化的教学团队，由具有不同专业背景和研究方向的教师组成思政课程育人团队，实现教学内容的"百花齐放"，让不同领域的教师在中华优秀传统文化教育中发挥各自的特长和优势；鼓励教师进行创新教学，探索多种教学方法和形式，让学生更加主动参与和体验中华优秀传统文化的学习过程。

（三）创新载体平台并优化课程设计

高校可以与地方非物质文化遗产传承基地、地方文化旅游创新示范区等进行合作，建立长期的合作机制，明确各方的责任和义务，共同推动中华礼仪教育的开展和地方文化资源的传承与发展。

高校可以组织跨学科的课程设计，将中华礼仪教育与地方非物质文化遗产传承基地、地方文化旅游创新示范区等创新创业资源有机结合。例如，可以设计以中华礼仪教育为主题的实践课程，让学生深入地方文化遗产传承基地进行实地考察和体验，了解其中蕴含的价值观念和传统习俗。

高校可以搭建多种类型的交流平台，促进中华礼仪教育与地方非物质文化遗产传承基地、地方文化旅游创新示范区等之间的交流与合作。可以组织学生参加文化节庆活动、志愿服务等，与地方非物质文化遗产传承基地、地方文化旅游创新示范区的从业者和传承人进行互动交流，深化对中华优秀传统文化的理解和感受。

高校可以与相关企业进行产教融合，将中华礼仪教育与实际应用相结合。通过与企业合作开展实训基地的建设，提供学生实践机会，让他们在实际操作中学习和感受中华礼仪教育的重要性。同时，也可以邀请相关企业的专家来校开展讲座和专项指导，提供实际案例和经验分享。

高校应积极开展国际交流与合作，吸引国际学生来华学习中华优秀传统文化和礼仪教育。通过与国外高等院校的合作办学、联合培养项目等方式，加强中外人文交流，推动中华优秀传统文化的国际传播。

（四）建立长效机制和保障体系

构建校企深度联动的实践育人体系、长效机制和保障体系，对于高校"中华礼仪"课程思政建设的长期稳定发展具有重要意义。高校可以以"中华礼仪"课程思政建设为核心，与相关企业、行业协会、地方政府等建立校企合作联盟，联盟成员可以共同制订实践育人计划，明确各自责任和任务，并在实践过程中进行有效的协调和沟通。

高校可以根据"中华礼仪"课程思政建设的目标和内容，制订实践育人计划。计划应包括实践环节的设计、实践时间和地点、实践指导和评估机制等方面，并与校企合作联盟成员进行充分协商和沟通。

高校可以搭建实践育人平台，包括基地建设、实验室开放、竞赛活动、社会实践等多种形式，为学生提供丰富的实践机会，满足学生不同层次、不同领域的实践需求。

高校应建立长效的机制和保障体系，确保"中华礼仪"课程思政建设的稳定推进，确保资金保障、师资保障、管理保障等运作顺畅，并与校企合作联盟成员共同承担责任，共同推进实践育人工作。

第六章　高校思想政治教育与传统文化融合的当代价值

　　将中华优秀传统文化融入高校思政教育之中，不仅对于传统文化的传承有着重要意义，也对思政教育课程改革发挥着不可或缺的作用，更对学生文化水平、道德水准和思想境界的提升发挥着重要的作用。本章主要论述高校思想政治教育与传统文化融合的当代价值，依次介绍了促进传统文化"两创"发展，增强国人文化自信；促进人的自由全面发展，培养新时代的人文精神两方面的内容。

第一节　促进传统文化"两创"发展，增强国人文化自信

　　党的十八大以来，习近平总书记立足新时代的伟大实践，深刻把握中华文明的历史和突出特性，以高度的文化自觉和文化自信，坚持把马克思主义基本原理同中华优秀传统文化相结合，不断推进中华优秀传统文化创造性转化和创新性发展，为建设中华民族现代文明指明了方向。

一、"创造性转化、创新性发展"理论的提出与发展

　　实现中华优秀传统文化创造性转化、创新性发展，这是习近平总书记提出的重大时代命题。

　　2014年12月，在中央政治局第十三次集体学习时，习近平总书记提出："要深入挖掘和阐发中华优秀传统文化的时代价值。要处理好继承和创造性发展的关

系，重点做好创造性转化和创新性发展。"①

在党的十九大报告中，习近平总书记更是明确提出，要"推动中华优秀传统文化创造性转化、创新性发展，不断铸就中华文化新辉煌"②。并把这一要求与"为人民服务、为社会主义服务"以及"百花齐放、百家争鸣"一起，确定为开展文化建设的重要工作方针。

2023年6月，习近平总书记在文化传承发展座谈会上，又从两个百年战略全局和以中国式现代化全面推进中华民族伟大复兴的战略高度，系统深入地论述了中华优秀传统文化创造性转化、创新性发展与建设中华民族现代文明之间的关系，强调："中华文化源远流长，中华文明博大精深，只有全面深入了解中华文明的历史，才能更有效地推动中华优秀传统文化创造性转化、创新性发展，更有力地推进中国特色社会主义文化建设，建设中华民族现代文明。"③

二、"创造性转化、创新性发展"的内在逻辑与时代要求

（一）内在逻辑

"创造性转化"是指将已有的知识、技术、产品等转化为新的知识、技术、产品等，以满足新的需求或解决现有问题的过程，如将先进的科学技术应用到实际生产中，进行改进和创新；"创新性发展"则是指基于现有的知识、技术、产品等，通过创新来开发新的领域，创建全新的价值和市场，创新性发展通常承担更大的风险和投入，因为可能涉及新的技术、市场、商业模式等。二者的区别在于，"创造性转化"注重的是对已有知识、技术、产品等的再利用和改进，而"创新性发展"则更关注对未来的预测和探索，以期创造出全新的价值和市场。但是，二者也有联系，因为创新性发展通常需要先进行创造性转化，即将已有的知识、技术、产品等进行整合和重组，然后才能进行创新性发展。

通过将已有的知识、技术、产品等进行改进和转化，创造性转化为创新性发

---

① 习近平2014年在中共中央政治局第十三次集体学习时的讲话[EB/OL].人民网，（2014-02-25）[2023-10-30].http://www.people.com.cn.

② 习近平在教育文化卫生体育领域专家代表座谈会上的讲话[EB/OL].新华网，（2020-09-22）[2023-10-30].http://www.news.cn.

③ 习近平在文化传承发展座谈会上的讲话[EB/OL].新华网，（2023-06-02）[2023-10-30].http://www.news.cn.

展提供创新的素材和基础，这些转化后的成果可以作为创新性发展的起点，为创新提供可利用的资源。创新性发展通过引入新的思维、方法、技术等，将创造性转化的成果进一步发展为创新的产物，它能延伸和拓展创造性转化的范围和效果，使之具有更大的创造力和市场价值。创造性转化和创新性发展相互促进，形成良性循环，二者相辅相成，相互补充，使得文化创新不断地向前发展。

在中华优秀传统文化的当代创新发展中，"创造性转化"指在尊重和传承中华优秀传统文化的基础上，将其进行改革、转化和再创造，强调对传统文化的重新解读和利用，以适应现代社会的需求和价值观念，包括将传统文化元素融入现代艺术、教育、娱乐等领域中，通过创新的方式使其与现代社会相融合，产生新的意义和影响力。"创新性发展"指在创造性转化的基础上，进一步开拓和发展中华优秀传统文化的新领域和新形式，注重通过引入新思想、新技术、新理念等，为传统文化注入新的活力和内涵，包括创造性地运用科技手段以推动传统文化的传播和体验，或者创造全新的传统文化表达形式。

在中华优秀传统文化的当代创新发展中，创造性转化和创新性发展相辅相成。创造性转化为创新性发展提供了源头的素材和基础，而创新性发展则通过新的理念和形式将传统文化注入现代社会，使之得到更广泛的传承和发展。通过创造性转化和创新性发展，中华优秀传统文化可以与现代社会相结合，焕发出新的生命力。

（二）时代要求

1. "两创"是发展中华优秀传统文化的必要选择

随着社会的不断变化和发展，人们的需求和价值观念也在不断演变，传统文化如果仅停留在传承和保护的层面，难以满足现代社会的多样化需求。正是创造性转化和创新性发展的理念，平衡了传统文化的保护与利用之间的关系，使中华优秀传统文化与时代相衔接，赋予传统文化新的生命力和活力，将传统文化的智慧和价值观念传递给现代社会，更好地满足当今社会对文化的需求，为社会进步和文化繁荣作出贡献。

2. "两创"是建设社会主义文化强国的必然要求

在当今世界，文化在国际交往中的作用越来越显著。中华优秀传统文化的弘扬和创新发展，可以增强中国的软实力和文化自信，进一步推动中华文化的传播和影响力，提高中国在国际上的文化地位。同时，中华优秀传统文化也可以为现代社会提供思想启示和文化资源，为解决当前社会问题提供新思路和新途径。因此，在社会主义文化强国战略下，推进中华优秀传统文化的创新发展，是非常必要和迫切的。

3. "两创"是中国共产党人必然肩负的文化使命

新时代文化必须紧密联系中国特色社会主义伟大实践，以习近平新时代中国特色社会主义思想为指导，坚持中国文化的独特性和传统的优秀性，同时吸纳和借鉴世界文明的精华。创造性转化和创新性发展理念正是对中国文化的自信表达，鼓励人们在吸收外来文化成果的同时，保持本土文化的独立性和创造性。通过创新性的思维和实践，中国共产党领导下的中国人民会更好地传承和发展优秀的传统文化，推动中国文化在世界舞台上展现独特的魅力。

4. "两创"是实现中华民族伟大复兴的客观需要

实现中华民族伟大复兴是当前中国的历史任务和使命。随着世界局势的风云变幻和现代科学的高速发展，新技术、新经济、新产业不断涌现，文化领域也面临着新的挑战和机遇。中华民族伟大复兴不仅仅是经济的崛起，还包括社会、政治、科技、教育等方面的全面发展。创造性转化和创新性发展作为对时代变化的回应，能够使中国文化保持活力和竞争力，适应国家发展战略的需要；能够更好地传承优秀传统文化，吸收国际先进文化成果，并在融合中焕发出新的创造力，提升中国文化的软实力，增强国家的影响力和竞争力，为中华民族伟大复兴提供有力支撑。

三、中华优秀传统文化创造性转化、创新性发展的表现形态

首先，推动中华优秀传统文化的创造性转化和创新性发展需要在保持传统文化传承基础上，注重时代特点和实际需求，通过最新传播手段与方式方法"活其形"，使中华传统文化在当代焕发新的生机和活力。当前，互联网和数字化技术已经成为人们获取信息和进行交流的主要渠道，可以通过建设中华传统文化数字平台，推出吸引人的传统文化内容，如历史故事、诗词歌赋等，通过多种形式呈现给受众，包括短视频、微信公众号、APP等，达到传统文化与现代科技相结合

的效果。在传承中华传统文化的同时，也需要考虑文化吸引力及年轻人的审美和文化需求，可以探索将传统文化与时尚元素相融合，开展文化创意设计，将传统文化通过现代化的方式呈现，如把古代诗词和流行歌曲结合起来演唱、将传统文化元素融入时装设计等。

二要将中华优秀传统文化与马克思主义基本原理相结合，以"传其魂"。传统文化中的哲学思想、道德观念、社会伦理等内容往往能够与马克思主义的思想体系相契合，可以通过对传统文化进行重新解读，挖掘其中与马克思主义相符合的思想内涵，将传统文化中的智慧与马克思主义基本原理相结合，形成一种新的思想体系。在教育和研究领域，高校应加强对中华传统文化以及马克思主义的教育和研究工作，向学生普及中华传统文化和马克思主义的基本原理，同时培养学生的批判思维和创新意识，使其能够在实践中将两者相互结合，形成新的文化形态。传统文化和马克思主义都是历史的产物，但在现代社会中，需要将其与时代特点相结合，推动文化创新与创造；可以通过鼓励艺术家、作家、学者等进行创作与研究，探索传统文化和马克思主义的结合点，形成具有现代性的文化形态，适应当代社会的需求。

三要为中华优秀传统文化"传其声"，在文化传播中注入更加强大的生命力，讲好中国故事，传播好中国声音。中华优秀传统文化中蕴含着丰富的核心价值观，如仁爱、和谐、诚信、孝道等，要通过加强核心价值观的教育和推广，使其成为社会共识，激发社会成员对传统文化的认同和热爱，进而赋予传统文化更强大的生命力。传统文化可以通过创新的方式进行表达，以适应现代社会的需求。例如，可以利用现代科技手段，将传统文化与数字技术相结合，创造出更具吸引力和互动性的展示形式，如虚拟现实、互动游戏等，使传统文化更贴近年轻人和国际社会的口味。中华优秀传统文化可以与现代元素相融合，形成新的艺术形式和文化产品；同时，要积极参与国际文化交流，与其他文化进行对话和碰撞，推动中华传统文化与世界各国文化相互交流、借鉴和融合，以展示其时代性和包容性。传统文化不仅仅限于文化领域，还可以表现在教育、商业、旅游等领域，可以通过开展文化活动、建设文化产业园区等方式，将中华优秀传统文化与现代社会各个领域相结合，实现文化的全方位传播和应用。

四、中华优秀传统文化在高校思想政治教育中的转化与创新

（一）应坚持的原则

1. 坚持马克思主义基本立场

马克思主义是党和国家的指导思想，是帮助学生树立正确的人生观和价值观的强大思想武器。在对高校学生进行思想政治教育过程中，有效融入中华优秀传统文化并对其进行创造性转化和创新性发展，目的是提升高校思想政治教育的质量。高校立足于向社会培养德智体美劳全面发展的技能型人才和应用型人才，其中思想政治教育是立德树人的关键和中心环节，马克思主义思想需要贯穿教育的全过程。因此，坚持马克思主义的立场是高校思想政治教育的指路明灯，同时也是高校思想政治教育中对中华优秀传统文化进行创造性转化和创新性发展必须坚持的重要原则。

2. 坚持现代性和大众性相结合

首先，针对一些高校学生不关心时事政治、缺乏社会责任感的现状，高校思想政治工作必须紧跟时代步伐，不断充实教育工作的形式和内容，创新工作方式和方法，使思想政治教育工作更加适应时代发展和高校学生的需求。

其次，高校思想政治教育的对象是高校学生，他们对传统文化缺少深入的了解，因此，在思想政治教育中，中华优秀传统文化需要一个向大众化转变的过程，使其从典雅化、文言性向日常化、白话性转化，让中华文化真正贴近高校学生的日常生活，真正走进他们的内心深处，融入他们生活学习当中的点点滴滴，这样，文化的育人功能才真正能够体现出来。

（二）实践路径

将中华优秀传统文化纳入高等院校思想政治课程体系。中华优秀传统文化需要从思政课的要求着手，在保证思想政治课体系完整及传统文化自身根源性的基础上，结合各门课程的特点，选取符合时代特点和高校学生需求的教育资源，实现中华优秀传统文化内容和表达形式上的转换，赋予其新的时代内涵，实现传统文化当中理论和思想的超越和提升。

将中华优秀传统文化与校园文化活动进行有机融合。在校园文化活动组织开展过程中融入中华优秀传统文化，学生通过自己策划、自己组织这项活动，能够增强他们对传统文化的认知，增强文化认同感，提升文化的自觉和自信。

加强"四史"教育，以社会主义核心价值观为载体，推动中华优秀传统文化创造性转化、创新性发展。历史是最好的教科书。全面推进高校"四史"教育，这既是加强党的思想理论建设的重要任务，也是增强高校思想政治工作能力和做好立德树人工作的有效途径。

第二节 促进人的自由全面发展，培养新时代的人文精神

我国有着以文化人的优良传统。思想政治教育与以文化人是辩证统一的关系。思想政治教育是以文化人的实践系统，以文化人是思想政治教育的自觉活动。作为思想政治教育的关键要素，内容、方法、载体是研究思想政治教育以文化人的关键点，也是揭示思想政治教育以文化人内核实质的必然路径。

一、高校思想政治教育以文化人的当代选择

以文化人与当代大学生的思想政治教育是紧密结合在一起的，思想政治教育作为一种特殊的文化现象，其过程就是以文化人的过程。习近平总书记指出："儒家思想和中国历史上存在的其他学说都坚持经世致用原则，注重发挥以文化人的教化功能，把对个人、社会的教化同对国家的治理结合起来，达到相辅相成、相互促进的目的。"[1]这些论述为新时代大学生思想政治教育继承以文化人的优良传统指明了方向和路径。

中国古人"观乎人文，以化成天下"说明，一个国家、一个民族的繁荣和强盛是以文化作为支撑力量的。没有文化和文明的传承和发展，就没有社会主义先进文化的发展和繁荣，也就不可能有新时代中华民族全面复兴的中国梦的实现。正是基于此，党的十八大报告提出了"文化是民族的血脉，是人民的精神家园"[2]。

---

[1] 习近平在纪念孔子诞辰2565周年国际学术研讨会暨国际儒学联合会第五届会员大会开幕会上的讲话[EB/OL].新华网，（2014-09-24）[2023-10-30].http://www.news.cn.
[2] 侯丽.中华优秀传统文化及其当代价值研究[M].北京：北京工业大学出版社，2021.

新时代要实现文化之"化人"本性的复归,首先需要把握以文化人的时代内涵。

(一)马克思主义先进文化是以文化人的方向

文化是人类特有的现象,其核心是价值观有先进和落后、正确与错误之分。根据历史唯物主义原理,文化是对一定社会的经济、政治的反映,又对社会的经济、政治发展起着反作用。先进文化是国家文化软实力的核心,能够适应生产力的发展要求,代表人民群众的根本利益,顺应人类文明的发展趋势,因此能对社会的进步起到促进作用。我国作为中国共产党领导的人民民主专政的社会主义国家,思想政治教育的以文化人必须坚持以马克思主义为指导的、体现人类进步的社会主义先进文化。在今天的中国,就是要推进社会主义核心价值观建设,坚持社会主义先进文化的前进方向,继承和弘扬优秀传统文化,以社会主义核心价值观引领社会风尚和人们的言行。

(二)坚持以正确的途径和方法"化人"

"化"是改变、转变的意思,也就是思想政治教育所指的教育感化,就是要从"人"的角度来引导人,既要重视教育的工具理性,也要强调教育的价值理性,即既要重视社会整体本位,也要重视个人本位,培养人的主体意识。要坚持显性教育和隐性教育相结合,注重大学生的精神成长,引导他们思想提升;要通过各种不同的教育手段,注重培养学生的思辨能力和批判思维,使学生树立正确的世界观和人生观,为建设社会主义现代化国家作出贡献。当然"化人"的途径和方法要以文化的方式进行,否则就会失去依托。

(三)以文化人的落脚点是"育人"

教育的根本任务是"立德树人",对于思想政治教育工作者而言,"以文化人"归根结底就是要教化、感化、育人。我们要牢记党的教育使命,帮助大学生树立共产主义远大理想,坚定中国特色社会主义信念,能在社会实践中形成正确的道德认知和自觉的道德养成,能够勤学、慎思、修德、明辨、笃实,成为德智体美劳全面发展的社会主义建设者和接班人,从而把握"以文化人"的出发点和立足点。

二、高校思想政治教育构筑大学生的精神家园

精神家园是人们的心灵安顿之处，是与物质生活相对应的人们精神生活的场所。当代大学生具有较强的奋斗精神、创新精神、自我意识和竞争意识，但是部分学生也在不同程度上存在着心理承受能力弱，全局意识、合作意识和抵抗挫折的能力差等问题。一旦遇到外界或内在的巨大影响，就会出现心理失衡或者消极悲观的情绪，甚至进入自我放弃或自我隔绝的状态。因而，建构大学生的精神家园是思想政治教育的重要任务。

精神家园的本质属于价值认同问题，传统文化是民族精神家园最深厚的基础。因此，大学生精神家园的建构必然包含传统文化的内容。但是，民族传统文化不是历史的陈列物，它是具有生命力的，这种生命力来自文化建设的主体根据不同时代的要求，对其进行创造性转化和创新性发展。因此，高校思想政治教育所要做的就是：合理吸收优秀传统文化的养分，为大学生的心灵构建积极向上的安身之处。或者说，实现个人价值与国家、社会价值的统一。

构建大学生精神家园的实质就是如何践行社会主义核心价值观的问题。随着经济全球化、科技一体化和信息网络化的发展，大学生受到外来文化和各种思潮的影响，在这种情况下要保持自己文化的特点，传承自己的文化命脉，就必须要有清醒的认知。要保持定力，在吸收外来文化时必须维护我们自身文化的根基，不能让个体价值迷失。作为当代大学生，必须对这个世界有清醒理性的认知，并在此基础上建构起国家、社会、个人相一致的精神家园，也就是对社会主义核心价值观有正确的认知，并切实践行。

三、中华优秀传统文化是构筑大学生精神家园的"沃土"

精神家园作为人们心灵的栖息之地，其最重要的人生价值观念，也就是我们每个人的人生之中，面临的最根本性的、普遍性的矛盾是什么。

从矛盾的普遍性意义来说，人类或者个体面临的第一类矛盾就是人与自我的矛盾；第二类矛盾就是个体与社会（他者）的矛盾。马克思指出："人的本质不是单个人所固有的抽象物，在其现实性上，它是一切社会关系的总和。"[1] 人的本质

---

[1] 马克思恩格斯选集（第一卷）[M]. 北京：人民出版社，1995：60.

不存在于孤立的个人之中,而是存在于人与人的社会关系中,人的本质由社会关系决定,人们的社会关系不同,本质也就不同。人与他人的关系包含家庭关系、工作关系等,从这些关系派生出来的还有人与民族的关系、人与国家的关系等。第三类矛盾就是人与自然的矛盾。人生存在于特定的自然环境中,是征服自然、破坏自然还是与自然和谐相处?这便是人和自然的关系。

精神家园的核心价值观念,从一定意义上讲,就是一个人如何处理上述这些矛盾的问题。通过正确地处理这些矛盾,就形成了正确的价值观念。在这些方面,中华传统文化为大学生精神家园提供了非常丰富的营养。

(一)以理想人格解决人与自我的矛盾

人与自我的关系从根本上来说就是一个塑造人格的问题,人格就是我们今天所讲的人品,古代思想中讨论的热点话题是什么样的作为才够得上具有崇高的人格,怎样做才能达到或保持崇高的人格。在这个问题上,儒家、道家都提供了自己的答案。儒家认为在任何情况下都要保持自己的独立人格和独立意志,所谓"三军可夺帅也,匹夫不可夺志也"。道家提倡的崇高人格是从自然主义的角度来阐述的,老子提出为避免人与人之间的矛盾冲突而要坚持"自然无为",也就是少一点自私自利之心,少一点欲望;关于崇高的人格,道家的庄子还主张"天地与我并生,而万物与我为一",主张人与万物是平等的,没有价值的高低贵贱之分,这个在本质上就是一种超越自我的精神境界。今天的大学生思想政治教育,可以借鉴传统文化的精华来培育理想人格。

(二)以伦理道德规范解决本人与他人的矛盾

人与人之间有哪些关系?处理人与人之间关系的准则和规范有哪些?这就属于伦理道德规范的范畴。孟子认为人有五类关系,其观点被后人归纳为"五伦",即"父子、君臣、夫妇、兄弟、朋友"五种关系,对应十种角色,每一个角色在交往中都有特定的道德要求和道德规范,合称"十义",就是十种道德规范。《礼记·礼运》把这"十义"称作"父慈、子孝、兄良、弟悌、夫义、妇听、长惠、幼顺、君仁、臣忠",这十个不同的角色对应不同的道德规范,并且有各自的权利和责任。总结起来,中华传统文化在解决人与他人的矛盾中最主要的准则和规范就是"仁、礼、和、义、信"这几个范畴。

"仁"是儒家最重要的道德规范。"仁"就是要爱人，要爱大众、爱他人，人与人之间要相爱。前面分析过，孔子的爱人内容主要有两点：一是"己所不欲，勿施于人"；二是"己欲立而立人，己欲达而达人"。孟子也提出了类似的观点，这是古代人道主义思想的体现。

"礼"是古代的社会规范和道德规范，主要包含了社会政治制度、法律准则、道德规范，它能调节人与人之间的关系，使人们和谐相处，所以《论语》指出"礼之用，和为贵"。人们遵守礼仪制度必须是自觉的，必须是出自内在的爱人之心的，这才符合"礼"的要求。构建大学生的精神家园，也应重视礼的价值。

"和"是和谐，探讨人与人之间的关系，中华传统文化很早就在讨论两个范畴，即"和"与"同"的关系和区别。中华传统文化一向重视差别，很早就认为"不同"是事物发展的根本。孔子的"君子和而不同，小人同而不和"，把是否追求和谐作为君子与小人的根本区别。孟子提出"天时不如地利，地利不如人和"。在天时、地利、人和这三个因素中，人和是最重要的，排第一位的。社会主义核心价值观中的"和谐"即源于我们深厚的传统文化，"和"作为处理人际关系的一项基本原则，可以用来处理不同的矛盾，对不同的矛盾采取适当的处理方式。"和"对于大学生处理不同的人际关系也有借鉴意义。

"义"原意是适宜，适合某种情况，引申含义为公正，这是古代老百姓对官员的希冀，他们希望官员首先要公正清廉，这也是社会主义核心价值观中社会层面的价值取向——"公正"的文化源头。

"信"就是要诚实、守信用，这是传统文化中认为朋友之间应该遵循的一条基本道德规范，当然这在建立市场经济体制的今天也很实用。

中华传统文化处理人与人之间关系的道德规范，为大学生建构精神家园提供了宝贵的思想资源。作为未来社会主义建设主力军的大学生正处于人格形成的关键时期，如果能够接受优秀传统文化的熏陶，必定受益匪浅，形成朝气蓬勃、积极向上的精神气概。

（三）以爱国主义解决人与民族和国家之间的矛盾

中华传统文化强调集体、整体，强调个人的利益要服从整体的利益。传统文化提倡的这种家国情怀、浩然正气是中华民族精神、爱国主义精神的集中体现，大学生精神家园的构建应从中吸取养分，大学生应思考用怎样的情怀、怎样的精神品质以及用什么样的道德情操来处理与国家、民族的关系。古代思想家从不同角度提出了舍生取义的爱国情怀和勇于承担社会责任的精神气概，同时强调个人对国家要承担责任和义务。这也要求大学生在个人利益与国家利益发生矛盾时，首先要维护国家的利益，因为国家是个人生存和发展的基础，社会的进步、国家的发展与大学生的成长、成才是紧密联系的。因此，建构我们的精神家园还需要具有正确的义利观。

（四）以"天人合一"解决人与自然的矛盾

古代思想家是如何认识人与自然的关系的呢？由于人生活在自然之中，是自然的一部分，所以，人与自然的关系叫作"天人之际"。什么是"天"？在古代，"天"的含义主要有两点：一是自然，或者说是自然界，特别指天体、天空等，也就是我们现在所指的客观物质世界；二是神灵，就是认为天上有神灵的存在。我们探讨人与自然的关系，主要是从自然层面而言的，就是传统文化所探讨的天道与人道、自然与人为的关系。在这方面，中华传统文化的主基调是儒家的"天人合一"思想。

"天人合一"思想说明人与自然存在着一种内在的统一关系，我们必须把人与自然的关系统一起来考虑，这种思维模式对今天解决人与自然的关系问题是有着积极意义的。中华传统文化中的"天人合一"理念，能够让大学生以理性的态度对人与自然的关系形成正确的认知，树立尊重自然、顺应自然、保护自然理念并为新时代推进社会主义生态文明建设作出自己应有的贡献。

四、运用优秀传统文化中的德育思想构筑大学生精神家园

在物欲繁杂的世界中，优秀传统文化为解决人与自我的矛盾、人与民族的矛盾、人与国家的矛盾、人与自然的矛盾提出的对策，为我们今天运用优秀传统文化构筑大学生的精神家园提供了有益的借鉴。

（一）主体内在的自觉意识是构筑大学生精神家园的逻辑起点

大学生思想政治教育要与实践紧密结合，既要从理论诠释、宣传教育等方面系统推进，又要从实践转化等方面逐步落实；既要"内化于心"，成为全体社会

成员的自觉追求，又要"外化于行"，成为全体社会成员的自觉行动。由此可见，内化是外化的前提，其重要性不言而喻。传统文化中德育的内化思想对于我们当代思想政治教育内化有重要启示作用。传统文化要求的内圣外王、修身齐家治国平天下等思想的逻辑起点就是道德主体的自觉意识，自觉践行道德规范之后会内省自律，不断反思自己的行为使自己符合社会的伦理道德规范。

儒家思想高度重视道德的主体性，提倡通过主体自我修养来提高道德素养、提升道德境界。孔子提出"为仁由己"，这里是指成就自己，通过不断地学习完善自己，使自己内在的素质得到提高。荀子在这个基础上提出君子之学和小人之学，他所提倡的君子之学是通过完善自己丰富内心的学问，而小人之学追求的是外在的、形式的。

为仁由己，这是为己之学，他予以肯定的是人的个体道德。在儒家思想中，个体的道德是安身立命的根本，儒家德育思想的核心主张是加强自己的心性修养，成为君子。为己之学是儒家的内圣之学，人只有对自我修养有了追求才能成就人格。

道德的主体意识被肯定是道德内化的决定性因素，德育过程中如果过分地强调外在的需要而忽略了主体的内在完善，就会出现严重的排异反应。人最终追求的就是自我的提升与完善，德育过程中忽视德育主体显然达不到德育的效果。因而我们现在开展思想政治教育工作的时候不但要关注教育主体的利益诉求，而且要关注到主体的精神需求，只有这样才能真正实现内化。

（二）主体内心自律的修养方法是构筑大学生精神家园的途径

儒家提出通过内省、自律等方式不断提高自我修养，这正是道德主体意识觉醒后实现内化的重要方法。"见贤思齐，见不贤而内自省""吾日三省吾身"等反复强调的是反思自己的错误，通过内心的自我审视提升自己的道德修养。在内省的过程中不断把道德要求内化为自身的素质，从而不断地接近贤者。

传统德育内化的目的是"外王"，是兼济天下，胸怀的是黎民百姓。现在思想政治教育内化的目的首先应是造就完备的个体、全面提升的公民，个体道德素养全面提高后社会整体素养就会自然提升。虽然内化的目的不尽相同，但是传统德育内化起点和途径对现在的思想政治教育确有重要的启发作用。

结 论

第一节 研究结论概述

中华优秀传统文化融入高校思想政治教育既是社会发展的必然需求，也是学生成长的内在需求。将中华优秀传统文化融入高校思政教育，对提高学生道德水平，形成正确"三观"具有重要意义。作为深植于国人体内的"文化基因"，优秀传统文化是中华民族发展过程中形成的宝贵财富，是国人重要的精神食粮，其中包含着许多有关德育品质与价值取向的内容，是开展德育教育活动必不可少的教学素材。因此，本节就高校思想政治教育与中华优秀传统文化融合的路径做研究总结概述。

第一，明确思政课堂价值。思政教师在将中华优秀传统文化融入教学内容时，应深入挖掘中华优秀传统文化的思想内涵，引导学生认识中华文化的历史渊源，开展中华文化的实践活动，建立中华文化与现实社会的联系，实现中华文化与思政教学内容的深入连接。教师可以通过解读经典文献、古代哲学思想等方式，深入挖掘中华传统文化的思想内涵，引导学生理解和掌握中华文化的精髓；通过历史故事、名人事迹等方式，让学生进一步理解中华文化的源远流长；组织学生参观历史文化遗址、博物馆等，亲身感受中华文化的魅力，通过实践活动深入了解和体验中华文化的魅力；引导学生将中华文化与现实社会相结合，探讨其中的价值和意义，如讨论中华文化对于社会和个人发展的影响、中华文化在当代社会中的传承和创新等。

第二，重视师资培养。考虑师资水平对传统文化教学效果和学生接受程度的影响，为此，高校可以组织专门的培训和研修活动，邀请专家学者开展讲座、进行授课，介绍中华优秀传统文化的基本概念、内涵与价值，并分享如何将其融入教学内容的方法和经验；设立专门的传统文化研究机构或中心，提供相关资源和支持，鼓励教师开展研究，深入挖掘传统文化的精髓，并将研究成果应用在教学实践中；制订传统文化教学指南和教材，为教师提供具体的教学方案和内容，帮助他们系统性地了解和传授中华优秀传统文化；提供必要的资源支持，包括图书馆藏书、数字化资源、实践机会等，让教师有更多的机会深入学习和了解中华优秀传统文化。同时，为了提高一线思政教师和辅导员的能力水平，高校可以组织定期的思政教师培训班和经验交流会，邀请专家学者分享最新的教学方法和案例，增强教师们的教学能力和专业素养；鼓励思政教师与其他学科教师开展合作，共同探索如何将传统文化融入不同学科的教学中，促进跨学科的教学效果和学术研究。

第三，优化校园文化风气、改善校园环境。教师可在校园文化建设中引入中华传统节日、古代诗词、经典文学作品等元素，通过活动、展览等形式向学生介绍中华优秀传统文化；组织一些与中华传统文化相关的主题活动，让学生亲身参与其中并感受中华传统文化的魅力；可以选择一些中华传统文化中的故事和寓言，以课堂讲述、朗读、小组讨论等形式，引导学生理解其中蕴含的价值观念和道德准则，并与校园生活相结合，引导学生树立正确的品德观念；组织学生参与社区服务活动，引导学生践行中华优秀传统文化中的"仁爱""勤劳""诚信"等价值观念，培养学生的社会责任感，提高他们的品德修养。

第四，充实教学实践的内容。在将中华优秀传统文化融入教学内容时，教师可以尝试发展多样化的学科融合教育，增加实践活动，开设与中华优秀传统文化相关的实践性课程；组织学生进行实地考察，参观历史文化名胜、博物馆等，深入了解传统文化的源流和发展；组织学生参加传统文化体验营，让他们在集体生活中感受传统文化的魅力；利用多媒体技术，为学生提供丰富的教学资源，如视频、音频、互动课件等，让学生通过电子媒介更加直观地了解和体验传统文化。

第五，借助新媒体手段建设思政课程的"第二课堂"。融媒体时代，高校要重视思政慕课平台建设工作，打造思政"第二课堂"，为学生提供便捷、灵活的学习途径，让学生根据自己的兴趣和学习需求，在任何时间、任何地点自主学习思政课程。高校可以设计多样化的思政慕课，通过视频、音频、文字等形式，向学生传达中华优秀传统文化的内涵和价值观念。在思政慕课平台上，高校可以设置讨论区、在线答疑等功能，鼓励学生间的互动与交流；学生可以就中华优秀传统文化的相关问题进行讨论，并与教师进行互动，深化对文化的理解与认知。高校要整合各类资源，包括专业教师、学者、研究机构等，共同参与思政慕课平台建设工作；同时不断创新教学方法，引入互联网、人工智能等技术手段，提升思政慕课的教学效果。

第二节　强化高校思想政治教育的意义和价值

　　中华优秀传统文化是在中国古代社会发展过程中逐渐形成、积淀和传承的，是中国人民智慧和创造力的结晶、中华民族的瑰宝，代表了中国人民的智慧与创造力；中华优秀传统文化强调人伦道德、仁爱精神、礼仪制度等，它不仅是一种思想体系，更是一种行为规范。中华优秀传统文化的传承和发展，有助于维护社会稳定、促进社会和谐；同时，传统文化也需要与时俱进，在保留传统的基础上，进行创新和发展，以适应现代社会的需求。

　　中华优秀传统文化具有极强的兼容性。中国历史上，由于地域广阔、人口众多，加之历史上政治、经济、文化的交流和融合，使得中华文化形成了开放的态度，吸收了不同地区、不同民族的文化元素，具有多元性。中华文化具有融合的思想和理念，强调"兼容并包"，即能够容纳各种不同的文化和思想，形成独特的文化氛围，例如孔子提出的"和而不同"思想，就能够容纳其他学派的思想。中华文化是在长期实践中形成和发展的，这些实践经验不断总结和丰富，使得中华文化更加完善和充满活力。这种兼容性、开放性使得中华优秀传统文化能够与现代社会相结合，与时俱进，不断地经历重新解读和创新，在不同的社会文化背景下继续发扬光大，为现代社会提供有益的价值观念和思想认识。因此，传统文化中有许多精神品质可以融入现代高校思政教育中，发挥育人作用。如儒家思想强调仁爱和公德的重要性，即关心他人、尊重他人、承担社会责任等，这些价值观可以引导学生培养同理心、友善和奉献精神，在校园中建立和谐的人际关系。忠诚和信义是传统文化中的重要品质，强调对国家、社会、家庭和朋友的忠诚和信守承诺，这些品质可以引导学生培养正确的价值观和道德观念，在面对诱惑和困难时保持坚定。中国文化注重和谐与平衡的理念，包括人与自然的和谐、人际关系的和谐以及内外协调等，可以引导学生关注生态环境、树立正确的人生观和价值观，追求身心平衡和综合发展。将传统文化中的这些精神品质融入现代高校思政教育中，可以帮助学生形成正确的世界观、人生观和价值观，培养他们的社会责任感、创新能力和团队合作精神，进而提高学生的素质和综合能力，促进他们全面发展。中华优秀传统文化融入高校思想政治教育的价值主要体现在以下四点。

第一，是继承发扬优秀传统文化的体现。中华优秀传统文化是中华民族的宝贵财富，是中华民族的精神支柱，将其与高校思想政治教育相结合，可加深学生对中华民族的自豪感和认同感，提高他们的民族自信心，培养他们的爱国情怀和社会责任感。中华优秀传统文化包含了丰富的价值观念，如仁爱、孝顺、礼仪等，融入高校思想政治教育可以帮助学生在学习过程中了解和沉淀优秀的价值观念，培养正确的人生态度和行为准则。中华优秀传统文化以其独特的审美理念和艺术表达方式、深厚的人文底蕴闻名于世，融入高校思想政治教育还可以使学生接触和了解不同形式的传统文化艺术，培养他们的审美情趣和欣赏能力，提高他们对美的追求和创造力；深入思考人生意义、道德伦理等问题，培养他们的人文素养和人格魅力。高校是国家最重要的人才培养基地，也是科学研究和创新的重要场所，为实现中华民族伟大复兴提供人才支持。同时，优秀人才的涌现也能为社会稳定发展提供坚实的基础。在全球化时代，保持文化自信对于一个国家和民族的发展至关重要。将高校思想政治教育与中华优秀传统文化结合，可以帮助大学生树立正确的历史观、民族观和文化观，增强对中华优秀传统文化的自信和认同，培养文化自觉和文化自强的意识，促进大学生全面发展，顺应时代发展和国家需要，肩负中华民族伟大复兴的使命，成为具有社会责任感、创新精神和文化自信的新时代青年，为国家的繁荣和进步作出积极贡献。

第二，有助于提升大学生道德修养。高校对大学生的教育不能仅仅停留在专业技能的培养方面，还需要提升大学生的全面素质。因为大学生不仅是未来社会的建设者和发展的主力军，更应该是具有社会责任感和使命感的公民。培养大学生树立远大的理想和坚定的信念，可以引导他们在人生道路上明确自己的目标和追求，并为之努力奋斗；高尚的人格不仅包括品德修养、道德观念，还包括情感智慧、认知能力、社交能力等，通过合适的教育和培养，大学生可以发展出积极向上、正直诚实、勇于担当、关心他人的优秀品质，成为社会主义核心价值观的传承者和践行者。课程思政在这一过程中承担着重要的作用，它是高校思政教育的主要载体之一，可以引导大学生树立正确的世界观、人生观、价值观，使大学生明确自己的价值追求，培养承担社会责任和公共利益的意识。中华优秀传统文化是中国传统文化的重要组成部分，其蕴含的价值观念、道德规范、人生哲学等方面的内容与当代社会的发展和进步是相适应的，通过将中华优秀传统文化融入思政教育中，可以拓宽大学生的思想视野，提高其思考问题的深度和广度。中华优秀传统文化是中华民族的精神基石，包含了许多高尚的品德和行为准则，如仁爱、正义、诚信、勤奋、谦虚等，学习和掌握这些品德和行为准则，可以提升大学生的思想政治素质，培养大学生的社会责任感和公民意识。中华优秀传统文化是中华民族的重要文化遗产，具有世界性的价值和影响力，在高校中弘扬中华文化，可以促进中华民族的文化传承，保护和发扬中华民族的文化精神。

第三，传统文化教育的引入能全面提升思政教学质量。其一，可以深化思政教学的思想性。中华优秀传统文化承载着千百年来的历史记忆和文化认同，在学习传统文化过程中，学生会更深入地了解自己的文化根源和国家历史，增强对国家的认同感和归属感；中华优秀传统文化蕴含着丰富的哲学思想、道德观念和人生智慧，学习这些文化可以培养学生的思辨能力和批判思维，使他们具备深入思考问题、独立思考的能力；中华优秀传统文化注重人文关怀和社会责任，可以培养学生的社会责任感和关爱他人的意识，使他们具备为社会发展贡献力量的使命感。中华优秀传统文化与社会主义核心价值观具有一致性，中华优秀传统文化注重关怀他人、尊重他人和关心社会；强调和谐共处、团队合作和互助精神；注重个人修养和自我完善，追求道德的高尚和人格的卓越，与社会主义核心价值观在人文关怀、社会责任、和谐共处、团队合作、自我修养和社会进步等方面具有一致性。高校需要结合这两者的特点，通过思政教育激发大学生内心深处的文化基因，使他们既能传承中华优秀传统文化，又能践行社会主义核心价值观，成为全面发展的社会主义建设者和接班人。其二，有助于思想政治课程体现民族特色和创新形式。要实现中华优秀传统文化与思政教学的有机融合，并不断完善，在思政教学中引入多种教学形式，激发学生的兴趣和参与度；同时，结合中华优秀传统文化的特点，可以运用诗词、故事、音乐等形式进行教学，使内容更富有生动性和互动性。将中华优秀传统文化融入思政教学，需要将其与现代政治理论相结合，以形成系统性的教学体系，对传统文化背后的思想观念、价值观和政治道德进行深入解读，使学生理解和应用传统文化中的智慧和精神，与现代社会和政治现象相联系。将中华优秀传统文化与思政教学融合时，不仅要注重传统文化的传承，还要紧密结合当代社会和政治问题，教师应与学生共同研究、分析和解决当代问题，深入思考和理解其在当代社会的意义和作用。避免生搬硬套传统文化内容，可以采取开放性的内容设计，鼓励学生自主选择和研究感兴趣的传统文化元素；同时，结合学生的实际背景和需求，将传统文化与当代社会问题相结合，形成针对性的教学内容，使教学更具活力和实效。传统文化的教学可以给思想政治课程注入新的内容，除了政治理论和现代思想，学生还可以学习中国古代哲学、文学、艺术等方面的知识，拓宽思维广度和深度。中华优秀传统文化注重人文关怀、情感表达和审美修养，这些都是综合素养的重要组成部分，结合思政教学，可以培养学生的人文关怀、情感智慧和审美能力，提高综合素质。其三，传统文化教学对思政教育的效果有巨大作用。中华优秀传统文化在漫长的历史长河中，经过了无数代人的实践和传承，形成了一整套科学而完备的理论体系和实践方法；同时，随着时代的变迁和社会的发展，中华优秀传统文化也在不断地适应和发展，通过"取其精华、去其糟粕"的方式，将那些与时代脱节、不符合现代社会需求的内容淘汰，保留并继承对社会和人类有益、有普遍意义的核心价值。这种实践使得中华优秀传统文化不仅能够适应时代的需要，也可以不断地发挥其作用，影响和推动社会的进步和发展。将中华优秀传统文化与思政教学相结合，不仅有助于弘扬优秀传统文化、增强学生的民族自信心，还能培养学生的责任感和使命感。中华优秀传统文化强调"天下兴亡，匹夫有责""舍我其谁"等重要观念，这些观念都强调个人应该有强烈的社会责任感和使命感。通过将传统文化与思政教育相结合，可以让学生更加深入地了解传统文化的内涵，并从中汲取创新思维的营养和灵感。

第四，中华优秀传统文化教育是提升大学生文化自觉、文化自信的关键。将中华优秀传统文化与思政教学相结合，对提高学生对不同文化的鉴别力有着重要意义。优秀传统文化融合了深厚的哲学、伦理、美学和价值观念等方面的内容。

通过将其纳入思政教学中，可以帮助学生更全面地认识和理解中国传统文化的精髓，培养学生对中国文化的自豪感与认同感。通过学习传统文化，学生可以培养对美的敏感性和鉴赏能力，提高他们对不同文化之间的美学差异的认知和理解。在全球化的背景下，不同文化之间的交流与融合日益频繁。通过学习中华优秀传统文化，学生可以对本国的历史、思想和价值观产生新的认识，增进与其他文化的交流与对话，促进不同文化之间的和谐共处。

第三节　对未来研究的展望与建议

中华优秀传统文化融入高校思政教育的困境主要有以下两点。

其一，结合的内涵薄弱。当前，许多高校对于人文精神、社会责任等方面的培养显得十分薄弱，学生对于中华优秀传统文化的了解和认同程度不高，缺乏对传统文化的深入思考和体验。在这样的背景下，国家层面、教育机构逐渐重视高校传统文化的传播与教育工作，但这种知识普及方式又常常流于表面，缺乏深刻的内容。中华优秀传统文化博大精深，要求传承者和讲授者具备扎实的学问和修养基础，但由于当代社会的快节奏和实用主义导向，许多教师普遍不具备这样的文化基础，使传统文化传播的深入性和广泛性受到限制。此外，传统文化是一个庞大的文化系统，而且存在一定的壁垒性，对于普通大学生来说，要深入学习和理解传统文化需要付出更多的时间和精力，这也是传统文化难以深入传播的原因之一。

其二，结合的形式过于生硬。高校课程体系通常较为紧张，时间有限，课程设置多样，难以给予中华优秀传统文化充分的关注。在一些学科专业特定的课程中，融入中华优秀传统文化甚至意味着调整原有的教学内容和方式，这对于教师和学生来说都是一种挑战。此外，中华优秀传统文化的传承与发展需要时间和良好的教学环境，而高校思政教育的主要目标是培养学生的思想道德素质和社会责任感，这两者之间的结合往往需要耐心和创新。高校教师的工作压力较大，时间和资源有限，需要投入大量精力进行教学、科研和管理工作，很难有足够的时间和精力去提升自己的传统文化素养、思想政治素质和教学方法素质等。

因此，目前高校思政教育融入传统文化教育的重难点在于开发教学内容的深度、扩大文化包容度，本研究建议如下。

第一，思政课程要严谨规划统筹。高校党委及职能部门自身首先应充分、全面地认识中华优秀传统文化的内涵及其对思政教育的重要参考作用。首先，高校可以组织专家学者开展深入研究，全面理解中华优秀传统文化的核心价值观、道德伦理、艺术表现形式等方面的内涵，只有真正了解传统文化的精髓，才能更好地将其应用于思政教育；可以通过举办讲座、展览、比赛等形式，积极宣传和弘扬中华优秀传统文化的精神价值，如中庸之道、诚信、孝道等，在这些活动中，学生会更加深入地了解和感受传统文化的魅力，并将其内化为自己的行为准则；整合各种传统文化资源，如书籍、文物、传统艺术表演等，为学生提供丰富的学习和体验机会，积极与文化部门、博物馆、艺术团体等建立合作关系，共同推动传统文化与思政教育的融合发展。传统文化中蕴含了丰富的教育原则和方法，如儒家的"仁爱""礼治"思想，道家的"自然""无为而治"思想等，高校可以借鉴这些原则和方法，结合现代教育理念，创新思政教育的内容和方式，使之更加符合时代需求。其次，高校思政课教师需要积极提高自身的文化素养，这样才能更好地引导学生。阅读是提高文化素养的重要途径，思政课教师可以选择一些经典的文学、哲学、历史等方面的书籍进行阅读，并注重思考、总结和分享；可以参加一些专业培训，例如传统文化的研究、教学方法的探讨等，以提高自己的专业素养和教学水平。思政课教师需要具备良好的学习习惯、生活习惯和精神修养，在日常生活中培养高雅的爱好，提升自己的审美能力和文化底蕴。最后，要重视多元文化背景下外来文化对大学生的影响。中华优秀传统文化是中华民族的瑰宝和精神财富，能够为大学生思政教育提供丰富的资源，是树立学生文化自信的关键。高校思政教师应针对大学生的特点和需求，加强传统文化教育的力度，让学生在了解、掌握中华优秀传统文化的基础上，进一步感受其深刻的内涵和价值，培养文化自信；让学生通过实践活动，去感受传统文化所蕴含的精神和价值，例如以传统文化为主题的社会实践，让学生亲身体验其中的文化内涵，加深理解。要实现传统文化与马克思主义理论的深度融合、推动立德树人的根本任务，高校思政教学可以发挥先进教学技术的作用，生动形象地呈现传统文化与马克思主义理论的内容，激发学生的学习兴趣，并帮助他们更好地理解和消化知识；引导学生积极参与思考和交流，让传统文化和马克思主义理论观点进行对话、碰撞，促进学生主动学习和思辨能力的提升；借助网络平台和在线教育资源，开设专门的思政课程网站或在线学习平台，提供丰富的学习资料、视频讲解和互动交流等功能，方便学生随时随地进行学习。

第二，拓宽教师沟通渠道。首先，目前高校思政课教师和专业课教师在教学内容和目标上存在明显差异，缺乏统一的指导方针和框架；教学评价体系主要关注专业课程的成绩和科研成果，而忽视思政教学的重要性，导致思政教学与专业课教学之间难以建立有效联系。为改变这种现状，高校应组建由思政课教师和专业课教师组成的跨学科教学团队，共同参与教学设计和评价，确保思政课与专业课程的衔接；可以制订一套统一的教学指导方针，明确思政课和专业课程之间的关系和衔接要求，为教师提供明确的指导；针对思政课教师和专业课教师，加强师资培训，提高他们的综合素质和跨学科教学能力，同时，组织定期的教学交流活动，促进彼此之间的互动和沟通。专业课教师可以将思政教育元素融入专业课程中，通过案例分析、讨论、实践等方式，引导学生思考和讨论与专业相关的伦理、社会责任、职业道德等问题；通过案例、实例和讲解，引导学生深入了解和探索与专业相关的价值观念和道德规范，培养学生正确的价值取向和社会责任感。专业课教师自身也要成为学生的榜样和引导者，注重道德修养和职业素养，通过言传身教，影响学生的行为和态度。其次，高校应建立健全的师资培养机制，包括开展定期的培训、研讨会和学术交流活动，提供丰富的教育资源和学习机会，使思政教师不断提升自身的专业知识和思政教育水平。高校在招聘和选拔思政教师时，应注重综合素质和能力的评估，包括专业知识、教学经验、思政理论水平等方面；此外，还可以鼓励教师参与学术研究和教学改革，提高他们的学术声誉和影响力。高校应关注思政教师的个体发展和成长，制订明确的教师发展规划和评价体系。给予教师充分的自主权和支持，鼓励他们开展教育研究和教学改革，提高教学质量和水平。教师要关注学生的个体差异和个性发展，通过个案教学、个人指导等方式，引导学生积极探索自身的兴趣和潜力。高校可以建立完善的教师思政育人能力评价体系，制订明确的评价指标和标准，对教师的思政育人能力进行评价和考核。最后，要在将高校思政教学与传统文化相结合的同时，顺应社会发展形势，提升传统文化资源的感染力和影响力，制订科学有效的教学方案，将传统文化与思政教育相结合，通过多元化传播方式，激发学生对传统文化的兴趣和好奇心，引导他们深入了解和体验传统文化的魅力。高校可以建立多元化的文化传承载体，如开设传统文化课程、组织文化艺术活动、打造文化创意产品、搭建文化交流平台等，让传统文化成为高校思政教育的重要内容和基础。加强文化创新和创造性转化，推动传统文化与现代科技、艺术、商业等领域的融合和创新，开展数字化文化传承和创意设计，推广"大众创业、万众创新"的理念，让传统文化在当今时代焕发出新的生命力和活力。

第三，加大传统文化资源开发整合力度。首先，高校应整合本地文化资源、学术资源、社会资源等，深度挖掘本土文化的内涵和价值，为思政课程提供丰富的资源。通过调查和研究本地区的历史、文化传统、艺术形式等资源，了解本土文化背景和特色；基于对本土文化的研究，选择与本地文化相关的主题作为思政课程的主题，如以本地的传统节日、民俗活动、手工艺等为主题，对学生进行相关的思政教育；探索创新的教学方式，采用多媒体教学、实地考察、互动讨论等方式，使思政课程更加生动、有趣、具有感染力；加强实践环节，组织学生进行社会实践、文化活动等，加深学生对本地文化的理解和认知，同时提高学生的文化自信心。地方文化研究者、民俗文化传承人往往拥有丰富的专业知识和经验，能够向学生介绍本土文化的历史、特点、演变等方面的内容，帮助学生全面了解本土文化。邀请这类工作者到校举办讲座、培训活动，可以为学生提供与专家面对面交流的机会，学生可以通过互动讨论、提问答疑等方式，深入了解本土文化，增强学习的实践性和亲身体验机会，培养学生的文化自觉和文化认同感，提高他们对本土文化的关注和尊重。其次，实现课程体系的层次化，即将课程按照难度、深度、广度、适用对象等不同方面进行分类、分级，形成一个有机、完整且具有系统性的课程体系。具体来说，在高校将思政课程与传统文化相结合的实践中，高校可以根据学生的不同年级或专业特点，设计不同层次、不同类型的课程，如初级、中级、高级课程以及通识教育课程、专业课程等，以适应学生的不同需求和认知水平；在课程内容方面，可以通过多样化的方式引入传统文化元素，如经典著作、历史事件、民间文艺等，使学生全面了解和接触传统文化的多个方面。最后，构建多形式的课程思政实践育人平台，大力发展文化育人。高校可以设立传统文化研究中心，聚集一批对传统文化有深入了解和研究的教师和学生，开展各种研究、调研、考察等活动，推广和传承中国传统文化；利用互联网平台，开设传统文化网站、微信公众号等，推出各种传统文化相关的文章、视频、音频等内容，让学生在网络上了解、学习和传承中国传统文化，促进学生知行合一。

第四，完善管理与评价体系。首先，要制定明确的课程设置和教学大纲，确保思政课程与传统文化的融合能够得到系统化的规划和组织；补充完善教师招聘、培训和考核制度，保证教师具备相关的学科知识和教学能力，能够有效地传授思政课程和传统文化知识；设立教学团队或研究中心，提供教师交流、研究和合作的平台，促进教学质量的不断提高。其次，要制订科学合理的评价指标和评价体系，包括知识掌握、思想品质、实践能力等方面，以全面评价学生对思政课程和传统文化的理解和领悟程度；引入多种评价方法，如考试、论文、小组讨论、实践报告等，以便全面了解学生的学习情况和思想发展情况；定期进行评估和反馈，及时调整和改进课程教学内容和方法，提高思政课程与传统文化融合的育人效果。再者，应鼓励教师开展科研和教学改革项目，深入研究传统文化资源融入思政课程的具体实践方法和成效，形成案例和经验分享；与社会各界建立广泛的联系，开展学术研讨会、文化活动等，促进校内外资源的交流与共享，扩大思政课程与传统文化的影响力；建立学生档案和毕业生跟踪机制，对学生在思政课程和传统文化学习中的表现和发展进行全面记录和评估，为教学改进提供依据。高校应细化关于文化育人及德育的具体要求和标准，以帮助教师严格执行文化育人模式，坚持"德育为先"，要建立德育评价体系，包括学生思想品德、行为习惯、社会责任等方面的评估指标和标准，以对学生的德育成长进行全面评估；加强教师培训和评估，提高教师的教学能力和德育素养，引导教师重视文化育人工作，积极探索有效的教学方法和手段；建立考核激励机制，对于在思政课程和传统文化融合教学中表现优异的教师进行奖励和鼓励，激发教师的积极性和创造力；引入社会资源，结合社会需求和发展趋势，开设相关的课程和实践项目，提升学生的综合素质和创新能力。另一方面，在课程思政建设的育人成效考核中，除了传统的知识掌握和学术能力评价外，还应设置一系列与品德培育相关的评价指标，如道德品质、社会责任感、团队合作能力、自我约束力等，全面反映学生的品德素养和道德水平。学校可以建立学生的德育档案，记录学生在品德培育方面的表现和成长历程；同时，引导学生制订个人发展规划，明确培养目标和行动计划，促使其在品德培育上持续成长。通过组织各类品德教育活动和实践项目，如志愿者服务、社会实践、道德讲堂等，培养学生的社会责任感和公民意识。这些实践活动可以作为评价学生品德培育成效的重要依据。将中华优秀传统文化与专业知识相结合，通过案例分析、论文阅读、讨论等教学方法，引导学生将专业知识与传统文化进行对比、联系和应用，培养学生的批判思维和创新意识；通过课堂讨论、小组活动等方式，引导学生思考传统文化中蕴含的核心价值观，如仁爱、正直、和谐等，并与现代社会的价值观进行对话，让学生深入理解和思考这些价值观对个人和社会的重要性；在教学中强调中华优秀传统文化的独特性和丰富性，激发学生对传统文化的兴趣和自豪感，培养学生对传统文化的认同和自信心，以此推动学生形成正确的世界观、人生观和价值观。

参考文献

[1] 李艳. 高校思想政治教育环境研究 [M]. 天津：天津人民出版社，2023.

[2] 姜超凡. 新时代高校思想政治教育融合发展研究 [M]. 长春：吉林大学出版社，2023.

[3] 杨飞，刘海华. 中华优秀传统文化融入思政课研究 [M]. 秦皇岛：燕山大学出版社，2023.

[4] 胡淑坤. 高校思想政治教育中传统文化的价值研究 [M]. 延吉：延边大学出版社，2022.

[5] 杨康贤. 传统文化视域下的当代大学生思想政治教育研究 [M]. 西安：西北工业大学出版社，2022.

[6] 高瑛，丁虎生. 新时代高校思想政治教育工作体系研究 [M]. 北京：光明日报出版社，2022.

[7] 刘艳芳. 中华优秀传统文化融入高校思想政治教育研究 [M]. 郑州：郑州大学出版社，2021.

[8] 马忠. 思想政治教育叙事话语研究 [M]. 北京：人民出版社，2021.

[9] 崔华勇. 传统文化视阈下高校思想政治教育探索与研究 [M]. 太原：山西人民出版社，2020.

[10] 霍洪波. 高校思想政治教育中传统文化融入问题研究 [M]. 北京：中国社会科学出版社，2019.

[11] 王文静，牛俊美. 习近平关于思想政治教育重要论述的守正创新及其时代意义 [J]. 知与行，2023，（05）：43-49.

[12] 王雪. 中华传统文化思想政治教育资源开发 [J]. 中学政治教学参考，2023，（33）：83-84.

[13] 吴明明. 中华优秀传统文化融入高校思想政治教育的路径探寻 [J]. 江苏第二师范学院学报，2023，39（04）：80-85.

[14] 冯玲. 中华优秀传统文化融入高校思想政治教育的三重逻辑 [J]. 西部素质教育，2023，9（14）：66-69.

[15] 马超，李艳红. 传统文化融入新时代思想政治教育的对策思考 [J]. 产业与科技论坛，2023，22（14）：87-89.

[16] 高子尧. 思想政治教育话语实效性提升的多维路径 [J]. 黑龙江生态工程职业学院学报，2023，36（03）：67-71.

[17] 丰娴静. 优秀传统文化在大学生思政教育中的价值与应用 [J]. 山西财经大学学报，2023，45（S1）：154-156.

[18] 王静，徐萌. 中华优秀传统文化融入高校网络思想政治教育路径研究 [J]. 吉林广播电视大学学报，2023，（02）：34-36，66.

[19] 李岩. 中华优秀传统文化融入大学生思想政治教育的逻辑脉络 [J]. 文化创新比较研究，2023，7（08）：153-157.

[20] 张梦楚. 中华优秀传统文化在高校思想政治教育中的价值及融合路径 [J]. 大学，2022，（S2）：100-102.

[21] 岳祺. "大思政课"视域下大学生家国情怀培育研究 [D]. 兰州：兰州大学，2023.

[22] 张博. 新时代高校"课程思政"建设研究 [D]. 长春：吉林大学，2022.

[23] 孙艺荣. 高校思想政治理论课讲好中华文化故事研究 [D]. 大连：大连交通大学，2022.

[24] 秦冰馥. 中华优秀传统文化融入高校思想政治教育研究 [D]. 长春：东北师范大学，2021.

[25] 杨一琼. 中华优秀传统文化融入大学生思想政治教育研究 [D]. 锦州：渤海大学，2021.

[26] 戚静. 高校课程思政协同创新研究 [D]. 上海：上海师范大学，2020.

[27] 徐怀玲. 传统文化融入高校思想政治理论课研究 [D]. 兰州：兰州交通大学，2020.

[28] 刘佳欣. 中华优秀传统文化在大学生思想政治教育中的运用研究 [D]. 绵阳：西南科技大学，2019.

[29] 朱杨莉. 新时代中华优秀传统文化融入高校思想政治理论课教学研究 [D]. 杭州：杭州电子科技大学，2019.

[30] 贾思远. 习近平传统文化观与高校思政课教学改革探索 [D]. 天津：天津大学，2018.

参考文献

[27] 陈林方. 传统文化融入高校思想政治理论课研究[D]. 苏州: 苏州交通大学, 2020.

[28] 刘柏雄. 中华优秀传统文化在大学生思想政治教育中的运用研究[D]. 湖北: 湖南科技大学, 2019.

[29] 朱俊利. 新时代中国传统精髓文化融入高校思想政治理论课教学研究[D]. 桂林: 桂林电子科技大学, 2019.

[30] 封思贤. 习近平传统文化观与高校思想政治课教学改革探索[D]. 天津: 天津大学, 2018.